Khalil Gibran
Jesus Menschensohn

KHALIL GIBRAN

Jesus Menschensohn

Seine Worte und Taten,
berichtet von Menschen,
die Ihn kannten

Aus dem Englischen
von Ursula Assaf-Nowak

Patmos Verlag

Der amerikanische Originaltitel lautet:
Jesus the Son of Man

Die Verlagsgruppe Patmos ist sich ihrer Verantwortung gegenüber
unserer Umwelt bewusst. Wir folgen dem Prinzip der Nachhaltigkeit
und streben den Einklang von wirtschaftlicher Entwicklung, sozialer
Sicherheit und Erhaltung unserer natürlichen Lebensgrundlagen an.
Näheres zur Nachhaltigkeitsstrategie der Verlagsgruppe Patmos auf
unserer Website www.verlagsgruppe-patmos.de/nachhaltig-gut-leben

5. Auflage 2023
Alle Rechte vorbehalten
© 2011 Patmos Verlag
Verlagsgruppe Patmos in der Schwabenverlag AG, Ostfildern
www.verlagsgruppe-patmos.de

Umschlaggestaltung: Finken & Bumiller, Stuttgart
Druck: CPI books GmbH, Leck
Hergestellt in Deutschland
ISBN 978-3-8436-0011-8

Inhalt

- 9 Jakobus, der Sohn des Zebedäus
- 15 Anna, die Mutter Marias
- 18 Assaf, genannt der Redner von Tyros
- 20 Maria Magdalena
- 24 Philemon, ein griechischer Apotheker
- 27 Simon, genannt Petrus
- 33 Kaiphas, der Hohepriester
- 34 Johanna, die Frau von Herodes' Verwalter
- 36 Rafka, die Braut von Kana
- 39 Ein persischer Philosoph
- 41 David, einer Seiner Jünger
- 42 Lukas
- 45 Matthäus, die Bergpredigt
- 50 Johannes, der Sohn des Zebedäus
- 53 Ein junger Priester in Kapharnaum
- 55 Ein reicher Levit aus der Umgebung von Nazareth
- 57 Ein Schäfer aus dem Südlibanon
- 59 Johannes der Täufer zu einem seiner Jünger
- 61 Joseph von Arimathäa
- 68 Nathaniel
- 70 Saba von Antiochien

- 72 Salome zu einer Freundin
- 75 Rachel, eine Jüngerin
- 78 Kleophas aus Batrun
- 80 Naaman von den Gadarenern, ein Freund Stephanus'
- 82 Thomas
- 84 Elmadam, der Logiker
- 86 Eine der Marien
- 87 Rumanos, ein griechischer Dichter
- 89 Levi, ein Jünger
- 91 Eine Witwe in Galiläa
- 93 Judas, ein Vetter Jesu
- 96 Ein Mann aus der Wüste
- 98 Petrus
- 100 Malachias von Babylon, ein Astronom
- 102 Ein Philosoph
- 104 Uriah, ein alter Mann aus Nazareth
- 106 Nikodemus, ein Dichter, der Jüngste im Ältestenrat
- 110 Joseph von Arimathäa, zehn Jahre später
- 112 Georgus von Beirut
- 114 Maria Magdalena
- 115 Jotham von Nazareth zu einem Römer
- 117 Ephraim von Jericho
- 118 Barka, ein Kaufmann aus Tyros
- 120 Pumia, die Hohepriesterin von Sidon zu anderen Priesterinnen

- 123 Benjamin, der Schriftgelehrte
- 124 Zachäus
- 127 Jonathan
- 129 Anna von Bethsaida im Jahre 73
- 133 Manesse, ein Rechtsanwalt in Jerusalem
- 134 Jephta von Cäsarea
- 136 Johannes, der geliebte Jünger
  in seinem Alter
- 139 Mannus aus Pompeji zu einem Griechen
- 141 Pontius Pilatus
- 146 Bartholomäus von Ephesus
- 148 Matthäus
- 149 Andreas
- 153 Ein reicher Mann
- 154 Johannes auf Patmos
- 158 Petrus
- 159 Ein Schuster in Jerusalem
- 160 Susanne von Nazareth, eine Nachbarin Marias
- 171 Joseph, genannt Justus
- 172 Philippus
- 173 Barbara von Yammuni
- 175 Die Frau des Pilatus an eine römische Dame
- 176 Ein Mann aus der Umgebung Jerusalems
  über Judas
- 181 Sarkis, ein alter griechischer Hirte,
  genannt der Narr
- 184 Annas, der Hohepriester

186 Eine Frau, eine der Nachbarinnen Marias
187 Achaz, der stattliche Gastwirt
191 Barabbas: die letzten Worte Jesu
193 Claudius, ein römischer Wachposten
195 Jakobus, der Bruder des Herrn:
    das letzte Abendmahl
203 Simon von Cyrene
205 Ciborea, die Mutter Judas'
208 Die Frau von Byblos, ein Klagelied
209 Maria Magdalena, dreißig Jahre später
211 Ein Mann aus dem Libanon,
    neunzehn Jahrhunderte später

Jakobus, der Sohn des Zebedäus

An einem Frühlingstag stand Jesus auf dem Marktplatz von Jerusalem und sprach zu der Menge, die sich dort versammelt hatte, vom Himmelreich.
Dabei warf Er den Schriftgelehrten und Pharisäern vor, denen Fallen zu stellen und Hindernisse in den Weg zu legen, die sich nach dem Himmelreich sehnen. Und Er verurteilte ihr Verhalten.
In der Menge befand sich eine Gruppe von Männern, die für die Pharisäer und Schriftgelehrten Partei ergriff, und sie versuchten, Jesus und uns festzunehmen.
Er aber wich ihnen aus und entfernte sich zum Nordtor der Stadt. Da sagte Er zu uns: »Meine Stunde ist noch nicht gekommen. Ich habe euch noch so vieles zu sagen und so viel zu tun, bevor ich mich der Welt ausliefere.«
Und mit heiterer Stimme fuhr Er fort: »Lasst uns das Land im Norden aufsuchen und dort den Frühling willkommen heißen! Steigen wir auf die Berge des Libanon, denn der Winter ist vergangen; der Schnee

fließt in die Täler hinab und stimmt ein in den Singsang der Flüsse und Bäche.

Felder und Weingärten erwachen aus ihrem Winterschlaf und begrüßen die Sonne mit grünen Feigen und süßen Trauben.«

Er ging vor uns her; wir folgten Ihm, und wir waren zwei Tage lang unterwegs.

Am Nachmittag des dritten Tages erreichten wir den Gipfel des Berges Hermon. Da blieb Er stehen und schaute auf die Dörfer und Siedlungen in den Tälern. Und Sein Gesicht leuchtete wie flüssiges Gold.

Er streckte Seinen Arm aus, zeigte auf die Täler und sagte:

»Betrachtet die Erde in ihrem grünen Gewand und seht, wie die Flüsse den Saum ihres Gewandes versilbern! Wahrlich, die Erde ist schön, und schön ist alles, was sie enthält. Hinter all dem aber, was sich euren Augen zeigt, liegt ein anderes Königreich, in dem ich herrschen werde. Und wenn es euer Wille und Wunsch ist, werdet auch ihr dort sein und mit mir herrschen.

Mein Gesicht und eure Gesichter werden keine Masken tragen, und unsere Hände werden weder Schwert noch Zepter halten; die Bewohner unseres Reiches werden in Frieden leben, und statt uns zu fürchten, werden sie uns lieben.«

Als ich Jesus so sprechen hörte, fühlte ich, dass ich

blind geworden war für alle Königreiche der Welt und sämtliche Städte aus Mauern und Türmen; mein Herz hegte nur noch den einen Wunsch, dem Meister in Sein Königreich zu folgen.

In diesem Augenblick trat Judas Iskariot vor Jesus hin und sagte:

»Vergiss nicht, Meister, dass die Reiche der Welt unermesslich sind und dass die Städte Davids und Salomos den Sieg über die Römer davontragen müssen. Wenn du der König der Juden sein willst, stehen wir dir mit Schwert und Schild zur Seite, und wir werden den Feind bezwingen.«

Als Jesus diese Worte hörte, spiegelte sich Zorn in Seinem Gesicht. Er sah Judas an und entgegnete ihm mit einer Stimme, die dem Donner glich:

»Geh hinweg, Satan! Glaubst du, dass ich aus Ewigkeiten hinabstieg, um einen Tag lang einen Ameisenhaufen zu regieren? Mein Thron steht weit höher, als deine Vorstellungen zu reichen vermögen.

Sucht derjenige, dessen Schwingen die Erde umfangen, Zuflucht in einem verlassenen und vergessenen Nest?

Trachtet der Lebendige nach Ehrerbietung und Lobpreis derer, die in Leichentücher gehüllt sind?

Mein Königreich ist nicht von dieser Welt, und mein Thron steht nicht auf den Schädeln eurer Vorfahren. Wenn ihr anderes erstrebt als das Königreich des

Geistes, dann ist es besser, ihr verlasst mich sofort und steigt in die Totengrüfte hinab, wo die gekrönten Häupter von einst Hof halten und den Gebeinen eurer Vorväter Ehre erweisen.

Versucht nicht, mich zu einer Krone aus Blech zu überreden!

Meine Stirn verlangt nach den Pleiaden oder nach euren Dornen.

Wahrlich, wäre nicht dieser Traum eines verlorenen Geschlechts, ich würde es nicht dulden, dass eure Sonne über meiner Langmut aufgeht und dass euer Mond meinen Schatten auf eure Wege wirft. Hätte es nicht den Wunsch im Herzen einer Mutter gegeben, ich hätte meine Windeln abgelegt und wäre in den Kosmos zurückgekehrt. Und könnte ich nicht den Kummer in euren Blicken lesen, so würde ich meine Tränen nicht zurückhalten.

Wer bist du, und was bist du, Judas Iskariot? Warum suchst du mich zu verführen?

Hast du mich gewogen und bist du zu dem Schluss gekommen, dass ich mich dazu eigne, Legionen von Zwergen anzuführen und ihre Streitwagen gegen einen Feind zu richten, der bloß in eurem Hass sein Lager aufgeschlagen hat und nur in eurer Angst aufmarschiert?

Zahllos sind die Würmer zu meinen Füßen, aber ich werde nicht gegen sie zu Felde ziehen. Solche Possen öden mich an, ebenso wie ich es leid bin, die Kriecher zu bemitleiden, die mich für einen Feigling halten, da ich mich nicht in ihren bewachten Mauern und Festungen aufhalte.

Wie bedauernswert, dass ich ohne Ende Mitleid empfinden muss! Könnte ich meine Schritte in eine weitere Welt lenken, wo großmütigere und hochherzigere Menschen leben! Doch wie sollte ich das tun? Eure Priester und eure Herrscher verlangen mein Blut. Sie werden Genugtuung erhalten, bevor ich von hier weggehe.

Weder will ich den Lauf des Gesetzes ändern, noch habe ich vor, die Torheit zu regieren.

Soll die Unwissenheit sich fortpflanzen, bis sie ihrer eigenen Produktion überdrüssig ist!

Sollen die Blinden Blinde in den Abgrund führen!

Und sollen die Toten Tote begraben, bis die Erde an ihren bittern Früchten erstickt!

Mein Reich ist nicht von dieser Welt. Mein Reich ist da, wo sich zwei oder drei von euch in Liebe versammeln, über die Schönheit der Schöpfung staunen, sich freuen und meiner gedenken.«

Und sich an Judas wendend fuhr Er fort: »Hinweg, Mann! Dein Reich wird niemals zu meinem Königreich gehören.«

Als der Abend dämmerte, forderte Er uns auf: »Lasst uns hinabsteigen, denn die Nacht bricht an! Gehen wir im Licht, solange es noch scheint!« Er stieg den Berg hinab; wir begleiteten Ihn, und Judas folgte uns mit großem Abstand.

Nach einer Weile sagte Thomas, der Sohn des Diaphanes: »Meister, es ist vollends Nacht geworden, und wir können den Weg vor uns nicht mehr erkennen. Wenn du willst, führe uns zu den Lichtern jener Ortschaft, damit wir Nahrung und Unterkunft finden.«

Jesus erwiderte ihm: »Ich habe euch hungrig auf den Gipfel geführt, und nun führe ich euch mit noch größerem Hunger ins Tal zurück. Doch diese Nacht kann ich nicht bei euch bleiben, denn ich möchte alleine sein.«

Da trat Simon Petrus vor Ihn hin und sagte: »Meister, lass uns nicht alleine im Dunkeln gehen! Lass uns beisammenbleiben auf diesem einsamen Pfad! Die Schatten der Finsternis werden nicht mehr lange anhalten; bald wird das Morgenrot erscheinen, wenn du nur bei uns bleibst!«

Jesus antwortete: »In dieser Nacht haben die Füchse ihre Höhlen und die Vögel der Lüfte ihre Nester, nur der Menschensohn hat nichts auf der Erde, wohin Er sein Haupt legen könnte. Lasst mich in dieser Nacht alleine! Wenn ihr mich braucht, findet ihr mich am See, wo wir uns begegnet sind.«

Gegen unseren Willen und schweren Herzens trennten wir uns von Ihm. Oftmals hielten wir an und schauten Ihm nach, und wir sahen Ihn in majestätischer Einsamkeit dem Sonnenuntergang entgegengehen.

Der einzige von uns, der sich nicht nach Ihm umblickte, um Ihn in Seiner würdevollen Einsamkeit zu bewundern, war Judas Iskariot. Von diesem Tag an wurde er finster und verschlossen. Und es schien mir, als lauere eine Gefahr in seinen Augenhöhlen.

Anna, die Mutter Marias

Jesus, der Sohn meiner Tochter, wurde im Januar hier in Nazareth geboren. In der Nacht, als Er zur Welt kam, hatten wir Männer aus dem Osten zu Gast. Es waren Perser, die nach Esdralon zogen und sich den Karawanen der Medianiter auf ihrem Weg nach Ägypten angeschlossen hatten. Da sie im Gasthof keine Zimmer gefunden hatten, baten sie um Unterkunft in unserem Haus.

Ich hieß sie willkommen und sagte: »Meine Tochter hat in dieser Nacht einem Sohn das Leben geschenkt. So seht es mir nach, wenn ich mich nicht mit ungeteilter Aufmerksamkeit den Pflichten einer Gastgeberin widmen kann.«

Sie bedankten sich für die Aufnahme. Und nachdem

sie zu Abend gegessen hatten, sagten sie: »Wir würden gerne das Neugeborene sehen.«

Marias Sohn war außergewöhnlich schön, und auch sie war anmutig anzusehen.

Als die Perser Maria und ihr Kind sahen, holten sie Gold und Silber aus ihren Taschen sowie Myrrhe und Weihrauch und legten dem Kind alles zu Füßen.

Dann fielen sie nieder und beteten in einer Sprache, die wir nicht verstehen konnten. Als ich sie zu ihrer Schlafkammer führte, die ich für sie hergerichtet hatte, waren sie von Ehrfurcht und Scheu ergriffen.

Am frühen Morgen brachen sie auf, um mit der Karawane weiterzuziehen. Beim Abschied sagten sie zu mir:

»Das Kind ist erst einen Tag alt, aber wir sahen das Licht unseres Gottes in Seinen Augen und das Lächeln unseres Gottes auf Seinen Lippen. Wir bitten euch, behütet Es, damit Es euch alle schützt!« Dann stiegen sie auf ihre Kamele und zogen fort, und wir sahen sie nie wieder.

Maria empfand für ihren Erstgeborenen viel mehr Staunen und Verwunderung als Freude oder Glück. Sie konnte ihr Kind lange ansehen, dann schaute sie durchs Fenster und starrte in den Himmel, als ob ihr eine Vision erschiene. Und dann lagen weite Täler zwischen ihrem Herzen und dem meinen.

Der Junge nahm zu an Größe und Geist, und Er war

anders als die übrigen Kinder; Er liebte die Zurückgezogenheit, war eigenwillig und ließ sich von mir nicht belehren.

Doch alle liebten Ihn in Nazareth, und mein Herz weiß, warum. Oft nahm Er von unserem Essen und teilte es den Vorübergehenden aus, oder Er schenkte den Kindern die Süßigkeiten, die Er von mir erhalten hatte, ohne selbst davon zu kosten.

Er kletterte auf die Bäume meines Obstgartens, aber die Früchte, die Er pflückte, waren nie für Ihn selber bestimmt.

Wenn Er mit anderen Jungen um die Wette lief und einen Vorsprung hatte, so verlangsamte Er absichtlich Sein Tempo, so dass sie vor Ihm das Ziel erreichten.

Und wenn ich Ihn zu Bett brachte, sagte Er manchmal zu mir: »Sag meiner Mutter und den anderen, dass sich nur mein Körper zur Ruhe legt; im Geiste werde ich bei ihnen sein, bis ihr Geist meinen Morgen berührt.«

Viele solcher erstaunlichen Worte gab Er von sich, als Er noch ein Junge war, doch ich bin zu alt, um mich an alle zu erinnern. Und nun sagt man mir, dass ich Ihn nie wieder sehen werde. Aber wie könnte ich glauben, was sie sagen?

Ich höre noch Sein Lachen und Seine Schritte, wenn Er ums Haus lief.

Immer wenn ich die Wangen meiner Tochter küsse, dringt Sein Duft in mein Herz, und es ist mir, als hielte ich Ihn wieder in meinen Armen.

Ist es nicht merkwürdig, dass meine Tochter nicht mit mir über ihren Erstgeborenen spricht? Manchmal habe ich den Eindruck, dass meine Sehnsucht nach Ihm größer ist als ihre.

In diesen Tagen hält sie sich aufrecht wie eine Bronzestatue, während mein Herz dahinschmilzt und sich in lauter Rinnsale auflöst.

Vielleicht weiß sie etwas, was ich nicht weiß. Wie sehr wünschte ich mir, sie würde mir ihr Geheimnis anvertrauen.

Assaf, genannt der Redner von Tyros

Was soll ich über Seine Reden sagen? Vielleicht gab es etwas in Seiner Person, das Seinen Worten Macht verlieh und Seine Zuhörer in Bann schlug? Denn Er war schön, und der Glanz des Tages lag auf Seinem Gesicht. Ich vermute, die Männer und Frauen ließen sich vielmehr durch Seine Erscheinung beeindrucken als durch Seine Argumente. Manchmal jedoch sprach Er mit der Überzeugungskraft eines Geistes, der sich als Autorität auswies.

In meiner Jugend hörte ich die großen Redner Roms,

Athens und Alexandriens. Der junge Nazaräer unterschied sich von ihnen allen. Jene setzten ihre Worte so, dass sie die Ohren ergötzten. Wenn man Ihm dagegen zuhörte, hatte man den Eindruck, als verließe einen das eigene Herz, um in bisher ungeahnten Gegenden auf Wanderschaft zu gehen. Er erzählte eine Geschichte oder ein Gleichnis, wie man dergleichen nie in Syrien gehört hatte. Er schien sie aus den Jahreszeiten zu weben, ebenso wie die Zeit Jahre und Generationen webt.

Er begann Seine Geschichten folgendermaßen:

»Ein Bauer ging aufs Feld, um zu säen …«, oder: »Es war einmal ein reicher Mann, der etliche Weinberge besaß …«, oder: »Ein Hirte zählte am Abend die Schafe seiner Herde und stellte fest, dass ein Schaf fehlte …«

Diese Worte versetzten Seine Zuhörer in ihre eigene, vertraute Umgebung und in die gute alte Zeit ihrer Väter.

Im Grunde sind wir ja alle Bauern und haben etwas übrig für Weingärten; der Hirte, die Herde und das verlorene Schaf leben in den Gefilden unserer Erinnerung ebenso wie die Pflugschar, die Weinkelter und die Tenne.

Er kannte die Quellen unserer Vergangenheit und den unveränderlichen Faden, aus dem wir gesponnen sind.

Die griechischen und römischen Redner sprachen von einem Leben, wie es sich dem Verstand präsentiert. Der Nazaräer hingegen sprach von einer Sehnsucht, die im Menschenherzen wohnt.
Jene sahen das Leben mit Augen, die ein wenig scharfsichtiger waren als eure und meine, während Er das Leben im Lichte Gottes sah.
Wenn Er sich an die Menge wandte und sprach, hatte ich oft den Eindruck, als würde sich ein Gebirge an die umliegenden Täler wenden. Seine Worte besaßen eine Macht, die den Rednern von Rom und Athen abging.

Maria Magdalena

Es war im Monat Juni, da sah ich Ihn zum ersten Mal. Er durchquerte die Kornfelder, als ich mit meinen jungen Begleiterinnen Seinen Weg kreuzte. Er war alleine.
Der Rhythmus Seiner Schritte war nicht wie der anderer Menschen, und die Bewegungen Seines Körpers glichen in nichts denen, die ich bereits gesehen hatte. Menschen schreiten nicht in dieser Weise über die Erde. Und jetzt könnte ich nicht einmal sagen, ob Er schnell oder langsam ging.
Meine Begleiterinnen deuteten mit dem Finger auf

Ihn und unterhielten sich flüsternd über Ihn. Ich hielt meine Schritte an und hob die Hand, um Ihn zu grüßen. Doch Er wandte mir Sein Gesicht nicht zu und erwiderte meinen Gruß nicht. Da hasste ich Ihn, denn ich fühlte mich zurückgewiesen und ohne Schutz. Mir war kalt, als ob ich ein Bad im Schnee genommen hätte, und ich zitterte.

Jene Nacht sah ich Ihn im Traum, und man berichtete mir am Morgen, dass ich im Schlaf geschrien und mich auf meinem Lager hin- und hergeworfen hätte.

Im August sah ich Ihn wieder, und zwar durch das Fenster meines Zimmers. Er saß in meinem Garten im Schatten der Zypresse; aufrecht saß Er und unbeweglich, als ob man Ihn in Stein gehauen hätte wie die Statuen Antiochiens oder anderer Städte des Nordens.

Meine ägyptische Sklavin kam und sagte: »Dieser Mann ist wieder da. Er sitzt in eurem Garten.«

Ich betrachtete Ihn durchs Fenster, und meine Seele zitterte, denn Er war schön. Sein Körper war makellos, und jeder Körperteil schien in jeden anderen Teil Seines Körpers verliebt zu sein. Da legte ich meine damaszenischen Gewänder an, verließ mein Haus und näherte mich Ihm.

War es meine Einsamkeit oder Sein Wohlgeruch, die mich so nach Ihm hinzogen? War es der Hunger in meinen Augen, die sich nach Schönheit sehnten, oder war es Seine Schönheit, die meine Augen suchten? Bis jetzt weiß ich es nicht.

Ich näherte mich Ihm in meinem parfümierten Gewand und meinen goldenen Sandalen, den Sandalen, die der römische Hauptmann mir geschenkt hatte …, ja, mit diesen Sandalen.

Als ich ganz in Seiner Nähe war, sagte ich zu Ihm: »Der Friede sei mit dir!« Und Er antwortete mir: »Der Friede sei mit dir, Miriam!« Er blickte mich an mit Seinen Augen der Nacht, wie kein Mann mich je angeschaut hatte. Ich fühlte mich plötzlich wie nackt und schämte mich. Und dabei hatte Er nur gesagt: »Der Friede sei mit dir, Miriam!« Ich fragte Ihn: »Willst du nicht in mein Haus eintreten?« Und Er antwortete: »Bin ich nicht in deinem Haus?«

Damals verstand ich nicht, was Er damit sagen wollte, aber jetzt verstehe ich.

Wieder lud ich Ihn ein: »Willst du nicht Wein und Brot mit mir teilen?« Er erwiderte: »Doch, Miriam, aber nicht jetzt.« »Nicht jetzt«, sagte Er, und die Stimme des Meeres war in diesen beiden Worten und die Stimme der Winde und der Bäume. Und als Er sie an mich richtete, sprach das Leben zum Tod.

Denn wisse, mein Freund, ich war tot. Ich war eine Frau, die sich von ihrer Seele getrennt hatte. Ich lebte getrennt von diesem ›Ich‹, das du jetzt vor dir siehst. Ich gehörte allen Männern und keinem. Man nannte mich eine Dirne und eine Frau, die von sieben Dämonen besessen ist. Ich wurde verflucht und beneidet.

Aber als Seine Augen der Morgenröte in meine Augen blickten, wurden alle Sterne meiner Nacht überstrahlt, und ich wurde Miriam, einfach Miriam, eine Frau, die für die Welt verloren war, die sie gekannt hatte und die sich auf einer neuen Erde wiederfand.

Ich sagte zu Ihm: »Tritt ein in mein Haus und teile mit mir Brot und Wein!« Er fragte mich: »Warum lädst du mich ein, dein Gast zu sein?« Ich aber bat erneut: »Komm doch in mein Haus!« Und alles, was vom Himmel und von der Erde in mir war, schrie nach Ihm.

Er schaute mich an, und der Mittag Seiner Augen ruhte auf mir. Und Er sprach: »Du hast viele Liebhaber, Miriam! Aber nur ich liebe dich. Die anderen Männer suchen sich selbst, indem sie dich lieben. Ich liebe dich um deinetwillen. Die anderen sehen in dir eine Schönheit, die schneller vergeht als ihre Jahre. Ich aber sehe in dir eine Schönheit, die niemals welken wird. Und noch im Herbst ihrer Jahre wird sie sich nicht zu fürchten brauchen, in den Spiegel zu sehen, denn sie wird nicht gedemütigt werden. Ich allein liebe, was in dir ist und was man nicht sieht.«

Dann sagte Er mit sanfter Stimme: »Geh nun! Wenn diese Zypresse dein ist und du nicht willst, dass ich mich in ihren Schatten setze, so werde ich meinen Weg fortsetzen.«

Ich beschwor Ihn: »Meister, kehre in mein Haus ein! Ich habe Weihrauch, um ihn vor dir zu verbrennen, und ein Becken aus Silber für deine Füße. Du bist ein Fremder, und doch bist du kein Fremder. Ich flehe dich an, kehre in mein Haus ein!«

Da erhob Er sich, Er schaute mich an, wie die Jahreszeiten die Felder anschauen, und Er sagte lächelnd: »Alle Männer lieben dich um ihretwillen. Ich aber liebe dich um deinetwillen.« Und Er entfernte sich.

Aber kein Mann ist je so geschritten wie Er. War es ein Morgenwind, der in meinem Garten geboren wurde und zum Osten wehte, oder war es ein Sturm, der alle Dinge bis in ihre Grundfesten erschütterte? Ich weiß es nicht. Aber an diesem Tag tötete der Sonnenaufgang in Seinen Augen den Drachen in mir. Ich wurde eine Frau; ich wurde Miriam, Miriam von Magdala.

Philemon, ein griechischer Apotheker

Der Nazaräer war ein hervorragender Arzt Seines Volkes. Kein anderer wusste so viel über unseren Körper und seine Eigenschaften wie Er.

Er heilte selbst jene, die an Krankheiten litten, die weder Griechen noch Römern bekannt waren. Ja, man sagt sogar, dass Er Tote wieder zum Leben erweckte.

Ob das nun stimmt oder nicht, jedenfalls sagt es etwas über Seine Macht aus, denn nur demjenigen, der Großes vollbracht hat, wird noch Größeres zugetraut.

Es wird auch behauptet, dass Jesus Indien und das Zweistromland besucht habe; die Priester dort sollen Ihn in die Geheimnisse eingeweiht haben, die sich in den Falten unserer Herzen verbergen. Zwar kann dieses Wissen Ihm auch unmittelbar von den Göttern offenbart worden sein, ohne Mitwirkung der Priester. Denn was allen Menschen von Ewigkeit an verschlossen blieb, kann einem Menschen in einem Augenblick enthüllt werden.

Apollo kann seine Hand auf das unverständige Herz legen, so dass es von einem Augenblick zum anderen sehend wird.

Viele Türen waren den Tyrern und Thebanern offen, und auch diesem Mann öffneten sich fest verschlossene Tore.

Er nahm sich des Tempels der Seele an, die der Körper ist. Er spürte die bösen Geister auf, die sich gegen unsere Nerven verschwören, ebenso wie die guten, die der Nerven Fäden weben. Meines Erachtens heilte Er die Kranken durch die Kräfte des Gegensatzes und Widerstandes. Er überraschte das Fieber durch eine Berührung, die so kühl war wie der Schnee, und das Fieber zog sich zurück.

Den erschöpften und verkrampften Gliedern begegnete Er mit Ruhe und Gelassenheit; sie lockerten sich und waren geheilt.

Er erkannte die versiegende Kraft im Innern der gefurchten Rinde, aber wie Er sie mit Seinen Fingern berühren konnte, weiß ich nicht. Er fand die Stelle rostfreien Stahls unter dem Rost heraus, aber wie Er daraus das glänzende Schwert verfertigte, kann niemand sagen.

Manchmal schien es mir, dass Er die stummen Klagen aller Lebewesen vernahm, die unter der Sonne aufwachsen, und Er stand ihnen bei. Er half ihnen nicht nur mit Seinem Wissen, sondern indem Er ihnen die Kraft verlieh, sich über ihr Leid zu erheben und zu gesunden.

Leider maß Er Seinen ärztlichen Fähigkeiten keine große Bedeutung bei. Er befasste sich vielmehr mit der Religion und Politik dieses Landes. Das ist bedauerlich, denn was der Mensch vor allem braucht, ist ein gesunder Körper.

Wenn diese Syrer aber von einer Krankheit befallen werden, suchen sie eher Streit, als dass sie ein Heilmittel suchen.

Und es ist außerordentlich bedauerlich, dass ihre größten Ärzte es vorzogen, sich als Redner auf dem Marktplatz zu betätigen.

Simon, genannt Petrus

Ich befand mich am Ufer des Sees von Galiläa, als ich Jesus, meinen Herrn und Meister, zum ersten Mal sah.

Mein Bruder Andreas war bei mir, und wir hatten gerade unsere Netze ins Wasser geworfen. Die See war stürmisch, die Wellen schlugen hoch, und wir fingen nur wenige Fische. Und wir waren missmutig. Plötzlich stand Jesus vor uns, als ob Er dem Nichts entstiegen wäre; wir hatten Ihn nämlich nicht kommen sehen.

Er rief uns bei unseren Namen und sagte: »Wenn ihr mir folgt, führe ich euch an eine Bucht, wo es von Fischen nur so wimmelt.«

Als ich in Sein Gesicht sah, ließ ich das Netz aus meinen Händen fallen, denn ein Feuer brannte in meinem Herzen, und ich erkannte Ihn.

Mein Bruder Andreas sagte: »Wir kennen alle Buchten dieser Küste, und wir wissen auch, dass die Fische an einem stürmischen Tag wie diesem Tiefen aufsuchen, die tiefer reichen als unsere Netze.«

Jesus erwiderte: »Folgt mir an die Küsten einer größeren See! Ich werde euch zu Menschenfischern machen, und eure Netze werden nie leer sein.«

Wir ließen unsere Boote und Netze liegen und folgten Ihm.

Ich wurde von einer unsichtbaren Macht angezogen, die von Ihm ausging. Fassungslos ging ich an Seiner Seite, während mein Bruder Andreas uns ebenso verwirrt und verwundert folgte.

Als wir auf dem Sand gingen, nahm ich all meinen Mut zusammen und sagte zu Ihm: »Meister, mein Bruder und ich werden dir folgen; wo du hingehst, wollen auch wir hingehen. Wenn es dir aber gefällt, heute Nacht in unser Haus zu kommen, so wäre dein Besuch eine große Ehre für uns. Unser Haus ist nicht groß, unsere Decke nicht hoch, und es wird auch nur ein frugales Mahl geben. Doch wenn du in unserer Hütte bist, wird sie uns wie ein Palast erscheinen. Und wenn du mit uns das Brot teilst, so werden die Prinzen des Landes uns um deine Gegenwart beneiden.«

Er erwiderte: »Gut, heute Abend werde ich euer Gast sein.«

Ich freute mich in meinem Herzen und ging schweigend an Seiner Seite, bis wir unser Haus erreichten.

Als wir an der Schwelle unseres Hauses standen, sagte Jesus:

»Friede diesem Haus und allen, die es bewohnen!«
Dann trat Er ein, und wir folgten Ihm.
Meine Frau, meine Schwiegermutter und meine Tochter kamen Ihm entgegen und hießen Ihn willkommen. Sie knieten vor Ihm nieder und küssten den Saum Seiner Ärmel. Sie wunderten sich, dass der Erwählte unser Haus betrat, denn sie hatten Ihn schon am Jordan gesehen, wo Johannes der Täufer Ihn dem Volk vorgestellt hatte.
Meine Frau und meine Schwiegermutter beeilten sich, das Essen zu bereiten.
Im Gegensatz zu mir war mein Bruder Andreas ein scheuer, zurückhaltender Mensch, aber sein Glaube an Jesus war mindestens so groß wie meiner.
Meine Tochter, die damals erst zwölf Jahre alt war, wich nicht von Seiner Seite; sie hielt sich an Seinem Gewand fest, als ob sie befürchtete, dass Er uns wieder verlassen könnte, um in die Nacht hinauszugehen. Sie drückte sich an Ihn wie ein verlorenes Schaf, das seinen Hirten wiedergefunden hat.
Schließlich setzten wir uns zu Tisch; Er brach das Brot und schenkte den Wein ein; dann wandte Er sich an uns und sagte: »Meine Freunde, erweist mir die Ehre, dieses Mahl mit mir zu teilen, so wie der Vater uns die Güte erwies, es uns zu schenken.«
Diese Worte sprach Er, bevor Er einen Bissen anrührte, denn Er wollte einem alten Brauch folgen,

wonach der Ehrengast die Stelle des Gastgebers einnimmt.

Als wir mit Ihm zu Tisch saßen, hatten wir den Eindruck, am Festmahl des großen Königs teilzunehmen.

Meine Tochter Petronella, die noch jung und unerfahren war, blickte Ihn unverwandt an und verfolgte die Bewegungen Seiner Hände. Und in ihren Augen bemerkte ich einen Schleier aus Tränen.

Als Er sich vom Tisch erhob, folgten wir Ihm in die Weinlaube und setzten uns um Ihn herum.

Er sprach zu uns, und wir lauschten Ihm; unsere Herzen wurden weit und leicht und schwebten wie Vögel am Firmament.

Er sprach von der Wiedergeburt des Menschen, vom Öffnen der Himmelstore, von Engeln, die herabstiegen und allen Menschen Frieden und Freude bringen, und von anderen Engeln, die zum Throne Gottes emporsteigen und Ihm die Wünsche und Sehnsüchte der Menschen überbringen.

Dann schaute Er in meine Augen und bis in die Tiefen meines Herzens und sagte: »Ich habe dich und deinen Bruder erwählt, mir zu folgen. Ihr habt gearbeitet und wart beladen. Nun will ich euch Ruhe geben. Nehmt mein Joch auf euch und lernt von mir, denn in meinem Herzen ist Frieden, eure Seelen werden Überfluss und Geborgenheit finden.« Als Er dies gesagt hatte, stellten mein Bruder und ich uns vor Ihn hin, und ich sagte zu Ihm: »Meister, wir werden dir folgen bis zu den Enden der Erde. Und wenn unsere Last so schwer wäre wie das Gebirge, so würden wir sie freudig mit dir tragen. Und sollten wir unterwegs fallen, so wissen wir, dass wir auf dem Weg zum Himmel fielen, und wir werden glücklich sein.«

Mein Bruder Andreas sagte: »Meister, wir sind Fäden in deinen Händen und auf deinem Webstuhl. Webe uns, wie du willst, damit wir im Gewand des Höchsten seien.«

Da blickte meine Frau auf, Tränen erschienen auf ihren Wangen. Und sie pries Ihn: »Gesegnet bist du, der im Namen des Herrn kommt. Gesegnet ist der Schoß, der dich getragen, und die Brust, die dich genährt hat!«

Meine Tochter, die erst zwölf Jahre alt war, saß zu seinen Füßen und schmiegte sich an Ihn.

Und meine Schwiegermutter, die an der Schwelle saß, sprach kein Wort. Sie weinte stumm vor sich hin, so dass ihr Schal feucht war von ihren Tränen.

Jesus ging zu ihr, nahm ihr Gesicht in Seine Hände und sagte:

»Du bist ihrer aller Mutter und weinst vor Freude. Ich werde deine Tränen in Erinnerung behalten.«

Da ging der alte Mond am Himmel auf. Jesus schaute ihn eine Weile an, dann sprach Er zu uns:

»Es ist spät. Geht nun schlafen! Und möge Gott eure Ruhe segnen! Ich werde bis zur Morgendämmerung unter diesem Weinzelt bleiben. Heute habe ich mein Netz ausgeworfen und zwei Männer gefangen. Ich bin zufrieden. Jetzt wünsche ich euch eine gute Nacht.«

»Aber wir haben dein Bett im Haus gerichtet«, sagte meine Schwiegermutter. »Ich bitte euch, tretet ein und ruht euch aus!«

Er antwortete ihr: »Gerne möchte ich ausruhen, aber nicht unter einem Dach. Gestattet es mir, in dieser Nacht unter dem Baldachin aus Weinreben und Sternen zu liegen.«

Da beeilte sich meine Schwiegermutter, die Matratzen, Kissen und Decken herauszubringen. Er lächelte sie an und sagte: »Sieh an, ich werde mich heute auf ein zweifach gemachtes Bett legen.«

Dann ließen wir Ihn allein und gingen ins Haus; meine Tochter war die Letzte, die Ihn verließ, und ihre Augen blieben auf Ihn gerichtet, bis sich die Türe schloss.

So begegnete ich zum ersten Mal meinem Herrn und Meister. Und obgleich darüber viele Jahre vergangen sind, erscheint es mir, als wäre es erst heute gewesen.

Kaiphas, der Hohepriester

Um diesen Mann Jesus und Seinen Tod richtig beurteilen zu können, muss man zwei herausragende Fakten berücksichtigen: Die Thora ist auf unseren Schutz angewiesen und das Reich auf den Schutz der Römer. Jener Mann aber forderte uns und Rom heraus. Er vergiftete den Geist des einfachen Volkes und wiegelte es durch Seine Zauberkünste gegen uns und gegen Cäsar auf. Meine eigenen Sklaven – ob Männer oder Frauen – wurden widerspenstig und rebellisch, nachdem sie Ihn auf dem Marktplatz hatten sprechen hören. Einige von ihnen verließen daraufhin mein Haus und flohen in die Wüste, woher sie gekommen waren.

Vergiss nicht, dass die Thora Grundlage und Bollwerk unserer Macht ist. Niemand kann uns zu Fall bringen, solange wir die Macht haben, seine Hand zurückzuhalten, und niemand soll Jerusalem zerstören, solange seine Mauern auf den Grundfesten stehen, die David gelegt hat.

Wenn die Saat Abrahams aufgehen und gedeihen soll, so muss dieser Boden makellos und unbefleckt bleiben.

Dieser Mann Jesus aber war schädlich und verderblich. Wir töteten Ihn reinen Gewissens, ebenso wie wir all jene töten werden, welche die Gesetze Moses fälschen und danach trachten, unser heiliges Erbe zu beschmutzen.

Wir und Pontius Pilatus erkannten die Gefahr, und wir wussten, dass es klug ist, sich dieses Mannes zu entledigen. Ich werde darüber wachen, dass Seine Jünger das gleiche Schicksal trifft und dass das Echo Seiner Worte zum Schweigen gebracht wird.

Wenn Juda leben soll, müssen alle, die sich ihm in den Weg stellen, dem Staube gleichgemacht werden. Und bevor Juda stirbt, werde ich meine grauen Haare mit Asche bestreuen, wie es der Prophet Samuel tat, ich werde die Gewänder Aarons zerreißen und mich in Sackleinen hüllen, bis ich diese Welt für immer verlassen werde.

Johanna, die Frau von Herodes' Verwalter

Jesus war nicht verheiratet, aber Er war ein Freund der Frauen. Er begegnete ihnen, wie man ihnen begegnen sollte, in wohlwollender Kameradschaft. Und Er liebte die Kinder, wie sie geliebt werden wollen, mit Vertrauen und Verständnis. Seine Augen blickten auf sie wie die Augen eines Vaters, eines Bruders und eines Sohnes. Er setzte ein Kind auf Seine Knie und sagte: »Von ihnen kommt eure Macht und Freiheit, und ihnen gehört das Königreich des Geistes.«

Man sagt, dass Jesus dem Gesetz Moses keine große Aufmerksamkeit schenkte und dass Er mit den Prostituierten Jerusalems und der Umgebung zu nachsichtig war. Ich selbst wurde in jener Zeit als eine von ihnen erachtet, weil ich einen anderen Mann als meinen Gatten liebte; es war ein Sadduzäer.

Eines Tages drangen die Sadduzäer in mein Haus ein, als mein Geliebter bei mir war. Sie ergriffen mich und hielten mich fest, während mein Geliebter sich entfernte und mich alleine zurückließ. Dann brachten sie mich zum Marktplatz, wo Jesus lehrte, und führten mich Ihm vor, um Ihn auf die Probe zu stellen und in ihre Falle zu locken.

Doch Jesus verurteilte mich nicht. Vielmehr beschämte Er diejenigen, die mich demütigen wollten; Er machte ihnen Vorwürfe, während Er mich gehen ließ.

Danach wurden alle schalen Früchte des Lebens süß in meinem Mund, und den geruchlosen Blüten entströmte betäubender Duft.

Ich wurde eine Frau, deren Erinnerung ohne Makel ist, und ich brauchte meinen Kopf nicht länger zu beugen.

Rafka, die Braut von Kana

Dies geschah, bevor Er im Volke bekannt wurde.
Ich war gerade damit beschäftigt, den Rosenstrauch im Garten meiner Mutter zu begießen, als Er vor dem Portal unseres Hauses anhielt.
Er sagte: »Ich habe Durst. Willst du mir zu trinken geben?« Da lief ich rasch ins Haus, holte den silbernen Becher, füllte ihn mit frischem Wasser und fügte einige Tropfen Jasminblütenessenz hinzu. Er leerte den Becher und schien zufrieden. Dann sagte Er, wobei Er mir in die Augen schaute: »Mein Segen sei mit dir!«
Bei diesen Worten fühlte ich eine leichte Brise durch meinen Körper wehen, und meine Befangenheit war plötzlich verflogen.
»Meister«, sagte ich zu Ihm, »ich bin verlobt mit einem Mann aus Kana in Galiläa, und am vierten Tag der kommenden Woche wird meine Hochzeit gefeiert. Willst du nicht unser Gast sein und uns durch deine Anwesenheit ehren?«
»Ich werde kommen, meine Tochter«, erwiderte Er.
Stellt euch vor, »meine Tochter« sagte Er, obgleich Er ein Jüngling und ich schon zwanzig Jahre alt war.
Nach diesen Worten setzte Er Seinen Weg fort.
Ich blieb wie angewurzelt stehen, bis mich meine Mutter aus dem Innern des Hauses zu sich rief.

Am vierten Tag der nächsten Woche holte man mich ins Haus meines Bräutigams, und ich wurde seine Frau.

Jesus kam mit Seiner Mutter und Seinem Bruder Jakobus. Sie setzten sich zu unseren Gästen an den Tisch, während meine Ehrenjungfrauen die Hochzeitslieder des Königs Salomo anstimmten.

Jesus aß von unseren Speisen und trank von unserem Wein. Und Er lächelte mir zu, mir und den anderen.

Er lauschte unseren Liedern vom Bräutigam, der seine Braut ins Zelt führt, vom jungen Hüter des Weinbergs, der die Tochter des Weinbergbesitzers liebt und sie ins Haus seiner Mutter holt, und vom Prinzen, der die junge Bettlerin trifft, sie in seinen Königspalast einlädt und sie mit der Krone seiner Väter krönt.

Und es hatte den Anschein, als hörte Er noch andere Lieder, die wir nicht verstehen konnten.

Bei Sonnenuntergang kam der Vater meines Bräutigams zur Mutter Jesu und flüsterte ihr zu: »Wir haben keinen Wein mehr für unsere Gäste, und der Tag ist noch nicht zu Ende.« Jesus hörte es und entgegnete: »Der Mundschenk weiß, dass es noch Wein gibt!«

Das war wahr. Während des ganzen Abends ging der Wein nicht aus.

Da begann Jesus zu sprechen. Er erzählte uns von der Herrlichkeit des Himmels und der Erde; von himmlischen Blumen, die blühen, wenn die Nacht sich über die Erde ausbreitet, und von irdischen Blumen, die erscheinen, wenn der Tag die Sterne verhüllt.

Er erzählte uns Geschichten und Gleichnisse, und Seine Stimme zog uns so sehr in Bann, dass wir Ihn anstarrten wie eine Vision und unsere Becher und Teller vergaßen. Mir kam es vor, in einem weit entfernten, unbekannten Land zu weilen.

Später sagte einer unserer Gäste zum Vater meines Bräutigams:

»Du hast den besten Wein bis zum Ende des Festes aufgehoben. Die anderen Gastgeber tun das Gegenteil.«

Und alle glaubten, dass Jesus ein Wunder vollbracht hatte, damit wir zum Ausklang des Festes besseren Wein als zu Anfang kosteten. Ich glaubte auch, dass Jesus uns den Wein geschenkt hat, und ich war nicht überrascht, denn schon Seine Stimme war voller Wunder. Und Seine Stimme blieb in meinem Herzen, bis ich mein erstes Kind zur Welt brachte.

In unserem Dorf und in den Nachbardörfern erinnert man sich noch bis zum heutigen Tag der Worte unseres Gastes. Und die Dorfleute sagen:

»Der Geist Jesu von Nazareth ist der älteste und beste aller Weine!«

Ein persischer Philosoph

Ich kann weder das Schicksal dieses Mannes voraussehen, noch kann ich voraussagen, was Seinen Jüngern widerfahren wird.

Ein im Herzen eines Apfels versteckter Kern ist ein unsichtbarer Obstgarten. Doch wenn dieser Kern auf felsigen Boden fällt, wird nichts daraus hervorgehen.

Aber das muss ich sagen, der alte Gott Israels ist streng und unbarmherzig. Israel braucht einen anderen Gott, der gütig und nachsichtig ist, einen Gott, der voller Erbarmen auf die Menschen herabsieht, der mit den Strahlen der Sonne hinabsteigt und die Menschen auf ihren Wegen begleitet, statt ständig auf dem Richterstuhl zu sitzen, ihre Fehler zu wiegen und ihre Vergehen zu messen.

Israel sollte einen Gott hervorbringen, dessen Herz nicht eifersüchtig wacht und dessen Erinnerung an die Unzulänglichkeiten der Menschen kurz ist, einen Gott, der sich nicht an ihnen rächt bis zum dritten und vierten Geschlecht.

Der Mensch hier in Syrien ist wie die Menschen in allen Ländern: Er schaut in den Spiegel seines Verständnisses und erblickt darin seine Gottheit. Er formt sich seine Götter nach seinem Bild und betet das Spiegelbild seiner eigenen Züge an.

In Wahrheit wendet sich der Mensch im Gebet an

seine tiefste Sehnsucht, damit sie sich erhebt und all seine Wünsche erfüllt. Es gibt keine andere Tiefe als die Tiefe der menschlichen Seele. Die Seele ist die Tiefe, die sich selber sucht. Und es gibt keine andere Stimme, die spricht, und keine anderen Ohren, die hören. Selbst wir in Persien sehen unsere eigenen Gesichter in der Sonnenscheibe und unsere tanzenden Körper im Feuer, das wir auf den Altären entzünden.

Und was den Gott Jesu betrifft, den Er Vater nennt, so ist Er kein Fremder für die Menschen um Jesus, und Er wird ihre Wünsche erfüllen.

Die Götter von Ägypten haben ihre Steinlasten abgeworfen und sind in die Wüsten Nubiens geflohen um frei zu sein inmitten von Menschen, die noch frei sind vom Wissen.

Die Götter Griechenlands und Roms verlöschten in ihrem eigenen Sonnenuntergang. Sie glichen den Menschen zu sehr, um in ihrer Ekstase fortzuleben. Die Haine, in denen ihr Zauber blühte, wurden von den Äxten der Athener und Alexandriner abgeholzt.

Und auch in diesem Land werden die Hochgestellten entthront von den Rechtsgelehrten Beiruts und den jungen Eremiten Antiochiens. Nur noch alte Frauen und rückständige Greise besuchen die Tempel ihrer Vorväter. Denn die Erschöpften suchen am Ende des Weges seinen Beginn.

Doch dieser Mann Jesus, dieser Nazaräer, sprach von einem Gott, der zu unermesslich ist, um der Seele irgendeines Menschen fremd zu sein, zu verständnisvoll, um zu strafen, und zu gütig, um sich der Sünden Seiner Geschöpfe zu erinnern.

Dieser Gott des Nazaräers wird die Schwelle überschreiten zu allen Kindern der Welt. Er wird an ihrem Herd sitzen, ein Segen sein in ihren Häusern und ein Licht auf ihren Wegen.

Mein Gott aber ist der Gott Zoroasters. Er ist die Sonne am Himmel, das Feuer auf der Erde und das Licht im Herzen der Menschen. Ich bin zufrieden; ich brauche keinen anderen Gott.

David, einer Seiner Jünger

Ich verstand den Sinn Seiner Reden und Gleichnisse erst, als Er schon nicht mehr unter uns weilte. Ja, ich begriff nichts, bis Seine Worte vor meinen Augen Gestalt annahmen und als lebendige Figuren im Reigen meiner eigenen Tage auftraten.

Lass mich dir folgende Begebenheit berichten:

Eines Nachts saß ich in meinem Haus und sann nach; ich versuchte, mir Seine Worte und Taten ins Gedächtnis zurückzurufen, um sie in einem Buch aufzuzeichnen, als drei Diebe mein Haus betraten.

Obgleich ich wusste, dass sie gekommen waren, um meinen Besitz zu rauben, war ich doch zu sehr mit meinen Gedanken beschäftigt, als ihnen mit dem Schwert entgegenzutreten oder auch nur zu rufen: »Was macht ihr hier?«

Vielmehr fuhr ich fort, meine Erinnerungen an den Meister aufzuzeichnen.

Als die Diebe gegangen waren, fielen mir Seine Worte ein:

»Wenn jemand deinen Mantel stiehlt, lass ihn auch den anderen noch stehlen.«

Und ich verstand es nun.

Während ich dasaß und Seine Worte niederschrieb, hätte mich niemand unterbrechen können, selbst wenn man mir all mein Hab und Gut davongetragen hätte. Denn obwohl ich meinen Besitz und meine Person normalerweise verteidige, so weiß ich doch, wo sich der größere Schatz befindet.

Lukas

Jesus verachtete und verschmähte die Heuchler. Sein Zorn auf sie glich einem Sturm, der sie peitschte. Seine Stimme war wie Donner in ihren Ohren, und sie fürchteten Ihn.

In ihrer Angst trachteten sie danach, Ihn zu töten.

Maulwürfen in dunkler Erde gleich versuchten sie, den Boden unter Seinen Schritten zu unterhöhlen. Aber Er ging nicht in ihre Falle. Er machte sich nichts daraus, denn Er wusste, dass man den Geist weder vereiteln noch zu Fall bringen kann.

Er hielt einen Spiegel in Seiner Hand und darin sah Er den Trägen, den Lahmen und diejenigen, die auf dem Weg zum Gipfel straucheln und fallen.

Und Er hatte Mitleid mit ihnen allen. Am liebsten hätte Er sie zu sich emporgehoben, selber ihre Lasten getragen oder die Schwachen aufgefordert, sich auf Ihn zu stützen.

Weder den Lügner noch den Dieb, nicht einmal den Mörder verurteilte Er ein für alle Male, doch den Heuchler, dessen Gesicht maskiert ist und der Handschuhe an seinen Händen trägt, verdammte Er unwiderruflich.

Oft habe ich über dieses Herz nachgedacht, das allen zur Herberge wird, die aus dem verwüsteten Land in Sein Heiligtum strömen, an diesen Zufluchtsort, der jedoch den Heuchlern verschlossen und versiegelt blieb.

Eines Tages, als wir uns mit Ihm in einem Garten von Granatapfelbäumen ausruhten, sagte ich zu Ihm: »Meister, du vergibst allen Sündern, Schwachen und Gebrechlichen und tröstest sie, aber mit den Heuchlern kennst du keine Gnade.« Er antwortete mir:

»Du hast deine Worte gut ausgewählt und die Sünder mit Recht krank und gebrechlich genannt. Ich vergebe ihnen die Schwachheit ihres Körpers und die Gebrechlichkeit ihres Geistes, denn diese Unzulänglichkeiten wurden ihnen von ihren Vorvätern vererbt, oder Nachbarn haben sie durch ihre Habgier ausgelöst. Mit dem Heuchler hingegen kann ich keine Nachsicht üben, denn er ist es, der dem Schwachen und Nachgiebigen sein Joch aufzwingt. Die Schwachen, die du Sünder nennst, sind wie das federlose Vogeljunge, das aus dem Nest fällt. Der Heuchler dagegen ist der Geier, der an einem Felsen auf den Tod seiner Beute wartet. Die Schwachen sind Menschen, die sich in der Wüste verlaufen haben. Aber der Heuchler hat sich nicht verirrt. Er kennt den Weg und lacht sich ins Fäustchen, und sein Lachen hallt wider zwischen Sand und Wind. Deshalb kann ich ihn nicht dulden.«

So sprach unser Meister, und ich verstand Ihn nicht. Doch jetzt verstehe ich Ihn.

Die Heuchler des Landes legten Hand an Ihn und verurteilten Ihn. Sie fühlten sich dazu berechtigt und zitierten im Hohen Rat das Gesetz Moses als Zeugnis und Beweis gegen Ihn.

Und diejenigen, die bei jedem Sonnenaufgang das Gesetz brechen und bei jedem Sonnenuntergang aufs Neue, sie sprachen Ihn des Todes schuldig.

Matthäus, die Bergpredigt

An einem Tag in der Erntezeit lud Jesus uns und Seine anderen Freunde ein, einen Ausflug ins Gebirge zu machen. Die Erde duftete; sie trug all ihre Juwelen zur Schau wie eine Königstochter bei ihrer Hochzeit. Und der Himmel war ihr Bräutigam.

Als wir eine Anhöhe erreicht hatten, machte Jesus in einem Lorbeerhain Halt und sagte: »Ruht euch hier aus, entspannt euren Geist und öffnet eure Herzen, denn ich habe euch vieles zu sagen.« Wir legten uns ins Gras – umgeben von den Sommerblumen, die darauf wuchsen, und Jesus saß in unserer Mitte.

Nach einer Weile sprach Er zu uns:

»Selig, die heiteren Geistes sind.

Selig, die sich nicht an ihren Besitz klammern, denn sie werden frei sein.

Selig, die sich an ihr Leid erinnern und ihre Freude erwarten.

Selig, die nach Wahrheit und Schönheit hungern und dürsten, denn die Hungernden werden Brot erhalten und die Durstigen frisches Wasser.

Selig die Gütigen, denn ihre Güte wird sie trösten.

Selig, die reinen Herzens sind, denn sie werden eins sein mit Gott.

Selig die Barmherzigen, denn ihnen wird Barmherzigkeit zuteil werden.

Selig die Friedensstifter, denn ihr Geist wohnt jenseits aller Kampfhandlungen; sie werden Schlachtfelder in blühende Gärten verwandeln.

Selig, die gejagt und verfolgt werden; sie werden leichtfüßig sein, und es werden ihnen Flügel wachsen. Freut euch und jubelt, denn ihr habt das Königreich des Himmels in euch gefunden.

Die Sänger von einst wurden verfolgt, wenn sie dies Königreich besangen. Auch ihr werdet Verfolgung erleiden; aber sie wird euch zum Lohn und zur Ehre gereichen.

Ihr seid das Salz der Erde. Wenn aber das Salz schal wird, wie sollte dann die Nahrung der Herzen gewürzt werden?

Ihr seid das Licht der Welt. Stellt dieses Licht nicht unter einen Scheffel, sondern lasst es von den Gipfeln leuchten für diejenigen, die die Stadt Gottes suchen.

Denkt nicht, dass ich gekommen bin, um die Gesetze der Schriftgelehrten und Pharisäer aufzuheben. Meine Tage unter euch sind begrenzt und meine Worte gezählt, und es stehen mir nur noch Stunden zur Verfügung, um ein anderes Gesetz zu verkünden und einen neuen Bund zu stiften.

Euch wurde gelehrt: Ihr sollt nicht töten. Ich aber sage euch: Ihr sollt nicht einmal grundlos zürnen.

Die Alten lehrten euch, euer Kalb, euer Lamm oder

eure Taube zum Tempel zu bringen und sie auf dem Altar zu opfern, damit der Duft des Fettes zu Gott emporsteige und Ihn günstig stimme, euch eure Vergehen zu vergeben. Ich aber sage euch, warum solltet ihr Gott opfern, was Ihm von Anbeginn an gehört? Glaubt ihr etwa, Ihn dadurch beschwichtigen zu können, dessen Thron über den schweigenden Tiefen steht und dessen Arme das Weltall umschließen?

Suche lieber deinen Bruder auf und versöhne dich mit ihm, bevor du zum Tempel kommst, und sei deinem Nachbarn gegenüber ein freudiger Geber! Denn in ihren Seelen hat Gott einen Tempel gebaut, den niemand niederreißen kann, und einen Altar, der niemals zerstört wird.

Man hat euch gelehrt: Auge um Auge, Zahn um Zahn. Ich aber sage euch: Rächt das Böse nicht, denn der Widerstand, den ihr leistet, nährt und stärkt das Böse. Nur die Schwachen sinnen auf Rache. Die Starkmütigen hingegen verzeihen, und zu vergeben gereicht dem Geschädigten zur Ehre. Denn nur Frucht tragende Bäume werden geschüttelt und mit Steinen beworfen, um an ihre Früchte zu gelangen.

Sorgt euch nicht zu sehr um den ›morgigen Tag‹, beschäftigt euch vielmehr mit dem ›Heute‹, denn jeder Tag enthält sein eigenes Wunder. Wenn ihr austeilt, denkt nicht zu sehr an euch selber, sondern achtet auf die Bedürftigkeit der anderen! Und jeder

Geber wird in viel reicherem Maße vom Vater beschenkt werden.

Gebt jedem nach seinem Bedarf, denn auch der Vater gibt nicht dem Durstigen Salz, dem Hungrigen einen Stein oder dem Erwachsenen Muttermilch.

Hütet euch aber, den Hunden zu geben, was euch heilig ist, oder den Schweinen Perlen vorzuwerfen! Mit solchen Gaben macht ihr euch über sie lustig, und sie werden euch verhöhnen und euch in ihrem Hass am liebsten umbringen.

Sammelt keine Schätze, die verderben oder die Diebe euch rauben können. Sammelt vielmehr Schätze, die weder sich zersetzen noch gestohlen werden und deren Schönheit zunimmt, wenn viele Augen sie betrachten. Denn da, wo euer Schatz ist, da ist auch euer Herz.

Man hat euch gelehrt, den Mörder durch das Schwert aus der Welt zu schaffen, den Dieb zu kreuzigen und die Dirne zu steinigen. Ich aber sage euch, dass ihr nicht unbeteiligt seid am Vergehen des Mörders, des Diebes und der Dirne, und wenn ihre Körper bestraft werden, verfinstert sich euer Geist. In Wirklichkeit wird nämlich kein Verbrechen ausschließlich von einem Mann oder einer Frau begangen. An allen Vergehen sind alle beteiligt. Derjenige, der seine Strafe verbüßt, mag ein Glied der Kette zerbrechen, die eure eigenen Fesseln umschließt. Und vielleicht zahlt er mit seinem Kummer den Preis für eure flüchtigen Freuden.«

So sprach Jesus, und ich verspürte den Wunsch, vor Ihm niederzufallen und Ihn anzubeten, aber in meiner Scheu konnte ich mich weder bewegen noch ein Wort herausbringen.

Schließlich aber gelang es mir zu sprechen, und ich sagte: »Ich würde gerne beten, aber meine Zunge ist schwer. Lehre mich beten!«

Und Jesus erwiderte: »Wenn ihr beten wollt, so lasst eure Sehnsucht die Worte finden. Mein Wunsch ist es jetzt, so zu beten:

Unser Vater auf der Erde und im Himmel,
Dein Name sei uns heilig,
Dein Wille geschehe in uns und auf der ganzen Welt!
Gib uns von Deinem Brot und lass es für den Tag reichen!
Vergib uns in Deiner Barmherzigkeit, und mach unser Herz weit, einander zu verzeihen!
Führe uns zu Dir, und halte in der Finsternis Deine Hand über uns!
Denn Dein ist das Königreich
und in Dir ist unsere Kraft und unsere Erfüllung.«

Unterdessen war die Nacht angebrochen. Jesus stieg die Anhöhe hinab, und wir folgten Ihm. Und während ich hinter Ihm herging, wiederholte ich das Gebet, das Er gesprochen hatte, und führte mir noch einmal alles vor Augen, was Er uns gesagt hatte, denn ich wusste, dass die Worte, die an diesem Tag wie Schneeflocken gefallen waren, sich zu Kristallen verdichten und erhärten würden, und dass die Schwingen, die schwebend über uns gekreist waren, die Erde wie mit eisernen Hufen schlagen würden.

Johannes, der Sohn des Zebedäus

Ihr habt bemerkt, dass einige von uns Jesus »den Christus« nennen oder »das Wort«, andere den »Nazaräer«, und wieder andere nennen Ihn »den Menschensohn«. Ich werde versuchen, diese Namen zu erhellen im Licht, das mir zuteil wurde.
»Der Christus«, der seit Anbeginn der Zeiten existiert, ist die Flamme Gottes, die im Geist des Menschen brennt. Er ist der Lebenshauch, der uns erweckt und einen Körper wie den unseren annimmt. Er ist der Wille des Herrn. Er ist das erste Wort, das unsere Stimme spricht und das in unseren Ohren wohnen will, damit wir es beachten und verstehen.
Das Wort Gottes unseres Herrn baute sich ein Haus aus Knochen und Fleisch und wurde ein Mensch wie du und ich. Denn wir können weder den Gesang des körperlosen Windes verstehen noch unser höheres Ich, das im Nebel geht, erkennen.

Viele Male kam Christus auf diese Erde, er durchstreifte viele Länder, und stets hielt man Ihn für einen Fremdling und einen Narren.

Doch der Klang Seiner Stimme fiel nicht ins Leere, denn in der Erinnerung der Menschen lebt auch das weiter, was ihr Verstand nicht für beachtenswert hält. Das ist »Christus«, die tiefste Verinnerlichung und die höchste Erhebung; Er ist mit den Menschen unterwegs zur Ewigkeit.

Habt ihr nicht von Ihm gehört an den Straßenkreuzungen Indiens, im Lande der Magier und in den Sandwüsten Ägyptens?

Und dort, in jenem Land, das nördlich von dem euren liegt, sangen die Dichter einst von Prometheus, dem Erfüller menschlichen Verlangens, dem Befreier gefangen gehaltener Hoffnungen, der den Menschen das Feuer brachte; sie sangen von Orpheus, der mit seiner Stimme und seiner Lyra Tiere und Menschen entzückte.

Habt ihr nicht von dem König Mithra gehört und von Zoroaster, dem Propheten der Perser?

Sie alle erwachten aus dem alten Schlaf der Menschheit und standen am Lager unserer Träume.

Und auch wir selbst werden zu Gesalbten, wenn wir uns alle tausend Jahre einmal im Unsichtbaren Tempel einfinden. Dann tritt einer als Menschgewordener hervor, und bei seinem Erscheinen verwandelt sich das Schweigen in Gesang. Doch unsere Ohren sind nicht immer bereit zu hören und unsere Augen nicht immer willig zu sehen.

Jesus, »der Nazaräer«, wurde geboren und wuchs auf wie wir; Er hatte einen Vater und eine Mutter wie wir, und Er war ein Mensch wie wir alle.

Aber Christus, das Wort, das von Anfang an war, und der Geist, der will, dass wir ein erfülltes Leben führen, Er ging in Jesus ein und wohnte in Ihm. Und dieser Geist war die Künstlerhand des Herrn, während Jesus die Harfe war.

Der Geist war der Psalm und Jesus Seine Melodie.

Jesus, der Mann aus Nazareth, war der Gastgeber und die Stimme des Christus, der mit uns unter der Sonne ging und uns Seine Freunde nannte.

In jenen Tagen hörten die Hügel und die Täler von Galiläa nur noch Seine Stimme.

Und ich war damals ein Jüngling und folgte Seinen Fußspuren. Ich folgte Ihm, um den Worten Christi zu lauschen, die von den Lippen des Jesus von Galiläa kamen.

Nun möchtet ihr noch wissen, warum einige von uns Ihn den »Menschensohn« nannten. Übrigens hatte Er selbst es gern, wenn wir Ihn so nannten, denn er kannte den Hunger und den Durst des Menschen, und Er hatte immer den Menschen im Blick, der auf der Suche nach seinem Höheren Ich ist.

Der Menschensohn war Christus, der Barmherzige, der unter uns Sein Zelt aufschlagen wollte.

Er war Jesus, der Nazaräer, der Seine Brüder dem Gesalbten zuführen wollte, dem Wort, das von Anbeginn an bei Gott war.

In meinem Herzen wohnt Jesus von Galiläa, der Mensch, der alle Menschen übertraf, der Dichter, der uns alle zu Dichtern machte, der Geist, der an unsere Tore klopfte, um uns zu wecken, damit wir uns erheben und hinausgehen, um der nackten und ungeschminkten Wahrheit zu begegnen.

Ein junger Priester in Kapharnaum

Er war ein Gaukler, der alles verzerrte und verdrehte, ein Zauberer, der das einfache Volk durch Seine Magie und Zaubersprüche verhexte. Sogar mit den Worten unserer Propheten und dem, was unseren Vorfahren heilig war, trieb Er Seinen Hokuspokus.

Ja, Er forderte die Toten auf, Seine Zeugen zu sein, und die schweigenden Gräber zog Er zu Seiner Legitimation heran.

Gleich einer Spinne, die Fliegen einfängt, umwarb Er die Frauen von Jerusalem und die Frauen vom Lande, und sie verfingen sich in Seinem Netz.

Denn Frauen sind willensschwach und verführbar,

und ihre Köpfe sind leer. Sie laufen dem Mann nach, der durch gewinnende, freundliche Worte ihre unbefriedigten Leidenschaften besänftigt. Gäbe es diese willfährigen Frauen nicht, so wäre Sein Name längst aus dem Gedächtnis der Menschen ausgelöscht.
Und wer waren die Männer, die Ihm folgten? Es war ein Haufen Höriger und Sklaven, denen es in ihrem Unwissen und ihrer Angst nie eingefallen wäre, sich gegen ihre rechtmäßigen Herren aufzulehnen. Doch als Er ihnen hohe Posten in Seinem fiktiven Königreich versprach, da ließen sie sich von Seinen Hirngespinsten hinreißen und lieferten sich Ihm aus, wie sich der Ton dem Töpfer ausliefert.
Weißt du nicht, dass der Knecht in seinen Träumen immer ein Herr ist und der Schwächling ein Löwe?
Der Galiläer war ein Schwarzkünstler und Betrüger, ein Mann, der die Sünden aller Sünder vergab, um von ihren unreinen Lippen »Heil« und »Hosanna« zu hören. Er ermutigte das ohnmächtige Herz der Hoffnungslosen und Elenden, um Hörer für Seine Stimme zu finden und Gefolgsleute für Seine Befehle. Er entweihte den Sabbat mit denen, die ihn entheiligen, um die Unterstützung der Gesetzlosen zu gewinnen. Er beschimpfte unsere Hohenpriester, um so die Aufmerksamkeit des Hohen Rates auf sich zu lenken und dessen Opposition zu provozieren. Auf diese Weise hoffte Er, Seinen Ruhm zu steigern.

Ich habe schon oft wiederholt, dass ich diesen Menschen hasse. Ja, ich hasse Ihn noch mehr als die Römer, die unser Land beherrschen. Bezeichnenderweise stammt Er aus Nazareth, einer Stadt, die unsere Propheten als einen von Heiden und Fremdlingen bewohnten Misthaufen bezeichneten, aus dem nichts Gutes hervorgehe.

Ein reicher Levit aus der Umgebung von Nazareth

Er war ein guter Zimmermann. Die Türen, die Er anfertigte, konnte kein Dieb öffnen, und die Fenster, die Er herstellte, öffneten sich bei West- und Ostwind.
Seine Truhen, die Er aus Zedernholz verfertigte, waren glatt poliert und konnten etwas aushalten.
Er machte auch die Lesepulte in unseren Synagogen. Er nahm dazu vergoldetes Maulbeerbaumholz, und auf beiden Seiten des Ständers, auf dem die heiligen Bücher liegen, brachte Er weit ausladende Flügel an; unter die Buchauflage schnitzte Er Köpfe von Stieren und Tauben sowie großäugigen Rehen.
All dies verfertigte Er nach Art der Chaldäer und Griechen. Aber Er besaß eine Fertigkeit, welche die Arbeiten der Chaldäer und Griechen übertraf.

An diesem Haus, das ich vor dreißig Jahren bauen ließ, haben viele Hände gearbeitet. Ich suchte mir Maurer und Schreiner in allen Städten Galiläas aus. Alle bewiesen Geschicklichkeit und Kunstfertigkeit, und ich bin mit ihren Arbeiten zufrieden. Aber komm einmal näher und schau dir diese zwei Türen und das Fenster an, das Jesus von Nazareth angefertigt hat. In ihrer Solidität stellen sie alles andere in meinem Haus in Schatten.

Siehst du nicht, dass sich diese beiden Türen von allen anderen unterscheiden? Und dieses Fenster, das sich zum Osten hin öffnet, hebt es sich nicht von allen anderen Fenstern ab?

An allen Türen und Fenstern nagt der Zahn der Zeit, außer an jenen, die Er gemacht hat. Nur sie trotzen den Elementen. Sieh nur, wie Er die Querbalken anbrachte! Betrachte die Nägel, wie sie von einer Seite des Brettes ausgehen und wie gut und fest sie auf der anderen Seite vernietet sind!

Und was am merkwürdigsten ist, dieser Arbeiter, der gut und gern den Lohn zweier Arbeiter verdient hätte, akzeptierte nur einen. Und jetzt hält man diesen Arbeiter für einen Propheten in Israel.

Hätte ich damals gewusst, dass der Jüngling mit Seiner Säge und Seinem Hobel ein Prophet ist, so hätte ich Ihn gebeten zu sprechen statt zu arbeiten, und ich hätte Ihm das Vielfache für Seine Worte bezahlt.

Immer noch beschäftige ich viele Arbeiter in meinem Haus und in meinen Ländereien. Und wie soll ich den Mann, dessen Hand auf seinem Werkzeug liegt, von dem unterscheiden, auf dem Gottes Hand ruht? Ja, wie soll ich Gottes Hand erkennen?

Ein Schäfer aus dem Südlibanon

Es war im Spätsommer, als Er mit drei anderen Männern zum ersten Mal auf dem Weg da drüben vorbeiging. Es war bereits Abend, und Er blieb am Rande der Weide stehen. Ich spielte auf meiner Flöte, und meine Herde weidete um mich herum. Als Er stehen blieb, erhob ich mich und ging zu Ihm hinüber. »Wo ist das Grab von Elias?«, fragte Er mich. »Ist es nicht hier in der Nähe?«
Ich antwortete Ihm: »Es ist dort, Meister, unter jenem Steinhügel. Bis heute noch nimmt jeder Vorübergehende einen Stein und legt ihn darauf.«
Er dankte mir für die Auskunft und ging weiter, und Seine Begleiter folgten Ihm.
Drei Tage später erzählte mir Gamaliel, ein anderer Schäfer, dass der Mann, der hier vorbeigekommen ist, ein Prophet Judäas sei. Ich glaubte ihm nicht, wenn ich auch viele Monde lang an diesen Menschen denken musste.

Als der Frühling kam, führte Ihn Sein Weg wieder an dem Weideland vorbei, und dieses Mal war Er alleine.

Ich spielte an diesem Tag nicht auf meiner Flöte, denn ich hatte eins meiner Schafe verloren, und mein Herz war betrübt.

Da ging ich Ihm entgegen und blieb vor Ihm stehen, denn ich suchte Trost.

Er sah mich an und sagte: »Heute spielst du nicht auf deiner Flöte? Und woher kommt die Trauer in deinen Augen?«

Ich entgegnete Ihm: »Eins meiner Schafe hat sich verlaufen, Herr. Ich habe es überall gesucht und kann es nicht finden. Ich weiß nicht, was ich tun soll.«

Er schwieg einen Moment. Dann lächelte Er mich an und sagte: »Warte hier eine Weile! Ich werde dein Schaf suchen!«

Er ging weiter und verschwand hinter den Hügeln.

Nach einer Stunde kam Er zurück, und mein verlorenes Schaf lief an Seiner Seite. Als Er vor mir stand, sah ich, dass mein Schaf Sein Gesicht anschaute, ebenso wie ich es tat. Und ich umarmte es voller Freude.

Er legte Seine Hand auf meine Schulter und sagte: »Von heute an wirst du dieses Schaf mehr lieben als alle anderen, denn es war verloren und ist wiedergefunden worden.«

Wieder umarmte ich mein Schaf voller Freude. Es schmiegte sich an mich, und ich war glücklich und schwieg.

Als ich meinen Kopf hob, um Jesus zu danken, sah ich Ihn in der Ferne gehen, aber ich hatte nicht den Mut, Ihm zu folgen.

Johannes der Täufer zu einem seiner Jünger

Ich werde nicht schweigen in diesem finsteren Kerker, während man Jesu Stimme auf dem Schlachtfeld vernimmt. Ich kann nicht gefangen sein, solange Er frei ist.

Man hat mir berichtet, dass sich die Schlangen um Seine Lenden winden. Ich aber entgegne ihnen, dass sie Seine Kräfte nur anstacheln werden und dass Er sie mit den Füßen zertreten wird.

Ich bin nur der Donner und Er der Blitz. Obgleich ich als Erster sprach, gebührt Ihm das Wort und der Entschluss.

Sie nahmen mich überraschend gefangen. Vielleicht werden sie auch Ihn ergreifen, aber nicht, bevor Er Seine Botschaft verkündet hat.

Er wird den Sieg über sie davontragen; Seine Streitwagen werden über sie herfahren, und die Hufe Seiner Pferde werden sie zermalmen. Und Er wird über sie triumphieren.

Mit Lanzen und Schwertern bewaffnet werden sie gegen Ihn vorgehen; doch Er wird ihnen mit der Macht des Geistes begegnen.

Sein Blut wird über die Erde fließen; aber sie selber werden diese Wunden und ihre Schmerzen zu spüren bekommen; sie werden in ihren eigenen Tränen getauft werden, bis sie von allen Sünden reingewaschen sind.

Ihre Legionen werden mit Eisenrammen gegen Seine Städte aufmarschieren; doch unterwegs werden sie im Jordan ertrinken. Seine Wände und Seine Türme werden sich höher erheben, und die Lanzen Seiner Krieger werden heller in der Sonne leuchten. Man sagt, dass wir beide Verbündete sind und dass es unsere Absicht ist, das Volk aufzuwiegeln, damit es sich gegen das Königreich Judäa erhebt und revoltiert.

Ich entgegne ihnen, und ich wünschte, meine Antwort bestünde aus Flammen statt aus Worten: Wenn sie diese Höhle der Ungerechtigkeit für ein Königreich halten, so soll es der Zerstörung anheim fallen und aufhören zu existieren! Möge es das Schicksal von Sodom und Gomorra erleiden! Möge seine Rasse von Gott vergessen sein und sein Land zu Asche werden!

Ja, hinter diesen Gefängnismauern bin ich tatsächlich ein Verbündeter des Jesus von Nazareth. Er wird meine Armeen zu Pferde und zu Fuß anführen. Und obgleich ich selbst ein Heerführer bin, so bin ich doch nicht würdig, die Riemen Seiner Sandalen zu lösen.

Geh zu Ihm und wiederhole Ihm meine Worte, und dann bitte Ihn in meinem Namen um Stärkung und Segen. Ich werde nicht mehr lange hier sein. In der Nacht – zwischen Schlaf und Erwachen – fühle ich, wie Füße mit leichten Schritten über meinen Körper schreiten, und wenn ich lausche, höre ich den Regen auf mein Grab fallen.

Geh zu Jesus und sag Ihm, dass Johannes von Cedron, dessen Seele bald voller Schatten, bald leer und verlassen ist, für Ihn betet, während der Totengräber neben ihm steht und der Henker seine Hand ausgestreckt hält, um seinen Lohn zu empfangen.

Joseph von Arimathäa

Ihr fragt euch, welches Hauptziel Jesus verfolgte; ich will es euch gerne sagen, wenn auch niemand mit seinen Fingern das Leben des heiligen Weines berühren oder den Lebenssaft sehen kann, der die Zweige nährt.

Obgleich ich von Seinen Trauben aß und den neuen Wein aus der Weinkelter kostete, kann ich euch nicht alles berichten. Ich kann nur erzählen, was ich von Ihm weiß.

Unser geliebter Meister lebte nur drei prophetische Jahreszeiten; es waren: der Frühling Seiner Lieder, der Sommer Seiner Ekstase und der Herbst Seiner Passion; und jede dieser Jahreszeiten währte tausend Jahre.

Den Frühling Seiner Lieder verbrachte Er in Galiläa. Hier versammelte Er Seine Freunde um sich an den Küsten des blauen Sees, und hier sprach Er zum ersten Mal vom Vater, von unserer Erlösung und unserer Freiheit.

Am See von Galiläa verloren wir uns und fanden unseren Weg zum Vater. Oh, welch ein winzig kleiner Verlust, der sich in einen solchen Gewinn verwandelte!

Hier vernahmen unsere Ohren den Gesang der Engel, der uns einlud, das trockene und unfruchtbare Land zu verlassen und dafür in den Garten unserer Herzenswünsche einzutreten.

Er sprach von Feldern und grünen Weiden, von den Hügeln des Libanon, wo die weißen Lilien die Karawanen nicht zu fürchten brauchen, die im Staub der Täler vorbeiziehen.

Er sprach vom wilden Rosenstrauch, der die Sonne

anlächelt und seinen Duft in die Brise verströmt, die an ihm vorbeiweht. Dann sagte Er: »Die Lilie und die wilde Rose leben nur einen Tag, aber dieser Tag ist für sie wie eine in Freiheit verbrachte Ewigkeit.«

Eines Abends, als wir an einem Fluss saßen, forderte Er uns auf: »Betrachtet diesen Fluss und lauscht seinen Melodien! Unablässig sucht er das Meer; und wenn auch sein Suchen kein Ende hat, so singt er sein Geheimnis von Mittag zu Mittag.

Möget ihr doch den Vater suchen, wie der Fluss das Meer sucht!«

Dann kam der Sommer Seiner Ekstase, und der Juni Seiner Liebe umgab uns. Er sprach nur noch vom Mitmenschen, dem Nachbarn, dem Weggefährten, dem Fremden und den Spielgefährten unserer Kindheit. Er erzählte von dem Reisenden, der vom Osten aus nach Ägypten aufbricht, vom Bauern, der abends mit seinen Ochsen heimkehrt, und von dem unerwarteten Gast, den die Dämmerung an unsere Tür führte. Und Er sagte: »Euer Nachbar ist euer sichtbar gewordenes unbekanntes Ich. Sein Gesicht spiegelt sich in euren ruhigen Wassern, und wenn ihr die Wasseroberfläche betrachtet, werdet ihr euer eigenes Gesicht erkennen.

Wenn ihr in die Nacht lauscht, werdet ihr ihn sprechen hören, und seine Worte werden das Klopfen eures eigenen Herzens sein. Verhaltet euch zu ihm, wie ihr wünscht, dass er sich euch gegenüber verhält. Dies ist mein Gesetz. Ich verkünde es euch und euren Kindern, und sie wiederum sollen es ihren Kindern vermitteln, bis die Zeit ihrem Ende zuneigt und die Generationen zu existieren aufhören.«

An einem anderen Tag sagte Er: »Lebt nicht für euch allein. Ihr seid in den Taten anderer Menschen gegenwärtig, und sie sind täglich bei euch, ohne es zu wissen.

Sie werden kein Verbrechen begehen, ohne dass eure Hände nicht daran beteiligt sind. Sie werden nicht fallen, ohne dass auch ihr strauchelt, und sie werden sich nicht erheben, ohne dass ihr mit ihnen aufsteht.

Der Weg, der sie zum Heiligtum führt, ist auch euer Weg dorthin, und wenn sie die Wüste zum Ziel haben, werdet auch ihr euch der Wüste nähern.

Ihr und euer Nächster sind zwei Samenkörner, die ins gleiche Feld gesät sind. Zusammen werdet ihr aufwachsen und euch gemeinsam im Winde wiegen. Und keiner von euch wird das Feld für sich alleine beanspruchen. Denn eine Saat, die sich im Wachsen befindet, hat keinen Anspruch auf seine eigene Ekstase.

Heute bin ich noch bei euch. Morgen wird mein Weg mich in den Westen führen. Aber bevor ich gehe, wiederhole ich, dass euer Nächster euer sichtbar gewordenes unbekanntes Selbst ist. Sucht ihn auf und begegnet ihm mit Liebe, damit ihr euch selber kennen lernt. Denn nur durch diese Erkenntnis werdet ihr zu meinen Brüdern.«

Es folgte der Herbst Seiner Passion.

Er sprach zu uns über die Freiheit, wie Er es in Galiläa im Frühling Seiner Lieder getan hatte. Doch jetzt richteten sich Seine Worte an unser tieferes Verständnis.

Er sprach von Blättern, die nur singen, wenn der Wind sie bewegt, vom Menschen, der einem Kelch gleicht, der vom Engel des Tages gefüllt wird, um den Durst eines anderen Engels zu löschen; und abgesehen davon, ob dieser Kelch gefüllt oder leer ist, soll er kristallklar auf der Tafel des Höchsten stehen.

Er sagte: »Ihr seid der Becher, und ihr seid der Wein. Trinkt von euch bis zur Neige, dann erinnert euch an mich und euer Durst wird gestillt sein.«

Auf dem Weg in den Süden sprach Er zu uns: »Jerusalem, das stolz auf einem Gipfel thront, wird in die Tiefen der Hölle hinabstürzen, in jenes finstere Tal, und ich werde allein inmitten seines Elends stehen.

Der Tempel wird dem Erdboden gleichgemacht werden, und aus seiner Vorhalle werdet ihr die Schreie der Witwen und Waisen hören; in der Eile der Flucht werden die Männer die Gesichter ihrer Brüder nicht erkennen, denn die Angst wird sie alle beherrschen.

Doch selbst dort werdet ihr mich sehen, wenn sich zwei von euch begegnen, meinen Namen aussprechen und nach Westen blicken. Und ihr werdet euch an meine Worte erinnern.«

Als wir die Anhöhe von Bethanien erreichten, sagte Er: »Lasst uns nach Jerusalem gehen! Die Stadt erwartet uns. Ich werde auf einem Füllen reitend durchs Stadttor einziehen und zu der Menge reden. Dort gibt es viele, die mich zu fesseln suchen, sowie viele, die meine Flamme auslöschen wollen. In meinem Tod aber werdet ihr das Leben finden und frei werden.

Sie werden den Lebenshauch suchen, der zwischen dem Herzen und dem Verstand schwingt, der Schwalbe gleich, die zwischen den Feldern und ihrem Nest hin und her schwebt. Doch mein Atem ist ihnen schon entflohen, und sie werden mich nicht besiegen. Die Mauern, die mein Vater um mich herum gebaut hat, werden nicht fallen, und das Land, das Er geheiligt hat, wird nicht entweiht werden.

Wenn die Morgendämmerung anbricht, wird die Sonne mich krönen, und ich werde bei euch sein, um dem neuen Tag entgegenzugehen. Dieser Tag wird lang sein, und die Welt wird seinen Abend nicht erleben.

Die Schriftgelehrten und Pharisäer behaupten, dass die Erde nach meinem Blut dürstet. Ich werde den

Durst der Erde mit meinem Blut stillen. Aus seinen Tropfen werden Eichen und Ahornbäume wachsen, und der Ostwind wird ihre Eicheln und Samen auf das Umland tragen.«

Dann fuhr Er fort: »Judäa will einen König haben und gegen die Legionen Roms aufmarschieren.

Ich aber werde nicht ihr König sein. Die Diademe Zions wurden für kleinere Stirnen angefertigt. Und der Ring Salomos ist zu eng für diesen Finger.

Schaut meine Hand an! Seht ihr nicht, dass sie zu stark ist, um ein Zepter zu halten, und zu kraftvoll für ein gewöhnliches Schwert?

Nein, ich habe nicht die Absicht, die Syrer gegen die Römer anzuführen. Ihr aber werdet mit meinen Worten die Stadt wecken, und mein Geist wird zu ihrer zweiten Morgenröte sprechen.

Meine Worte werden eine unsichtbare Armee sein mit Pferden und Streitwagen; ohne Beil und ohne Schwert werde ich die Priester von Jerusalem und seine Cäsaren besiegen.

Ich will auf keinem Thron sitzen, auf dem Sklaven saßen, die andere Sklaven regierten. Ebenso wenig habe ich vor, gegen die Söhne Italiens ins Feld zu ziehen. Vielmehr werde ich ein Sturm an ihrem Himmel sein und ein Lied in ihrem Herzen.

Und sie werden sich meiner erinnern. Sie werden mich Jesus, den Gesalbten, nennen.«

All dies sagte Er außerhalb der Mauern Jerusalems, bevor Er die Stadt betrat.
Und Seine Worte bleiben bestehen, als wären sie mit einem Meißel gestochen worden.

Nathaniel

Man sagt, dass Jesus von Nazareth bescheiden und sanftmütig war. Man sagt auch, dass Er – obgleich gerecht und rechtschaffen – ein Schwächling war, der oft von den Starken und Mächtigen bedrängt wurde. Und wenn Er vor Machthabern stand, soll Er wie ein Lamm unter Löwen gewirkt haben.
Ich aber behaupte, dass Jesus Macht über Menschen besaß und dass Er sich dieser Macht bewusst war; ja, mehr noch, dass Er sie auf den Hügeln Galiläas und in den Städten Judäas und Phöniziens bezeugte.
Welcher nachgiebige und angepasste Mensch würde sagen: »Ich bin das Leben und der Weg zur Wahrheit!«
Und welcher sanftmütige Schwächling würde behaupten: »Ich bin in Gott, unserem Vater, und unser Gott, der Vater, ist in mir!«? Würde ein Mensch, der sich seiner eigenen Kraft nicht bewusst ist, verkünden: »Wer nicht an mich glaubt, glaubt weder an dieses Leben noch an das ewige Leben.«?

Und könnte jemand, der das Morgen nicht kennt, voraussagen: »Diese Welt wird vergehen und zu Asche werden, bevor meine Worte vergehen.«?

Zweifelte Er etwa an sich selber, wenn Er denjenigen, die Ihn beschuldigten, Ihn mit einer Dirne gesehen zu haben, entgegenhielt: »Möge derjenige, der ohne Schuld ist, den ersten Stein werfen!«? Fürchtete Er die Autorität, als Er die Geldwechsler aus dem Tempel vertrieb, obwohl diese die Genehmigung der Priester besaßen? Waren Seine Flügel etwa gestutzt, als Er laut rief: »Mein Königreich erhebt sich über all euren Königreichen!«?

Suchte Er in Worte zu flüchten, wenn Er wiederholte: »Zerstört diesen Tempel, und ich werde ihn in drei Tagen wieder aufrichten!«? War es ein Feigling, der den Machthabern Seine Faust zeigte und sie als verlogen, gemein und korrumpiert bezeichnete?

Kann ein Mensch, der den Mut besitzt, den Regenten Judäas solches nachzusagen, als schwach und demütig bezeichnet werden?

Nein, der Adler baut sein Nest nicht in der Trauerweide, und der Löwe sucht sein Lager nicht im Farnkraut!

Mir wird übel und mein Innerstes revoltiert, wenn ich die Kleinmütigen Jesus demütig und sanftmütig nennen höre, um ihre eigene Schwäche zu rechtfertigen, und wenn die Unterdrückten zu ihrem Trost und ihrer Ermutigung von Jesus als von einem »zertretenen Wurm« reden, der an ihrer Seite aufleuchtet.

Ja, mein Herz empfindet diesen Menschen gegenüber Widerwillen und Überdruss, denn ich möchte den mächtigen Jäger verkünden und den unbesiegbaren, gewaltigen Geist.

Saba von Antiochien

Heute hörte ich Saulus von Tarsus den Juden der Stadt Christus verkünden. Er nennt sich jetzt Paulus, Apostel der Heiden.

Ich kenne ihn seit meiner Jugend; damals verfolgte er noch die Freunde des Nazaräers. Ich erinnere mich gut, wie befriedigt er war, als seine Gefährten den prächtigen Jüngling Stephanus steinigten.

Dieser Paulus ist in der Tat ein merkwürdiger Mann. Seine Seele ist nicht die Seele eines freien Menschen. Manchmal gleicht er einem Tier im Walde, das gejagt und verwundet wurde und eine Höhle sucht, in der es seinen Weltschmerz verstecken kann.

Weder spricht er von Jesus noch wiederholt er seine Worte. Er predigt den Messias, den die alten Propheten verkündeten. Obgleich er ein gebildeter Jude ist, benutzt er die griechische Sprache, wenn er sich an seine jüdischen Landsleute wendet. Dabei spricht er nicht fließend Griechisch, und er trifft nicht immer das richtige Wort. Aber er besitzt verborgene Kräfte; das bestätigen diejenigen, die sich um ihn versammeln. Zuweilen vermittelt er ihnen eine Gewissheit in Dingen, die für ihn selber ungewiss bleiben.

Wir aber, die wir Jesus kennen und Seine Reden hörten, wir weisen darauf hin, dass Er die Menschen lehrte, sich der Ketten ihrer Knechtschaft zu entledigen, um frei zu werden von ihrer Vergangenheit.

Paulus dagegen schmiedet Ketten für den Menschen der Zukunft. Er schlägt den Amboss mit seinem eigenen Hammer im Namen dessen, den er selbst nicht kennen lernte.

Der Nazaräer wollte, dass wir die Stunden in Passion und Ekstase verbringen.

Der Mann von Tarsus aber fordert uns auf, die Gesetze zu beachten, die uns die alten Bücher überliefern.

Jesus hauchte den Toten Seinen Atem ein. Und in meinen einsamen Nächten glaube ich und verstehe.

Wenn Er zu Tisch saß, erzählte Er den Tischgenossen Geschichten, die sie erheiterten, und Er würzte so mit Seiner Freude das Fleisch und den Wein.

Paulus aber will uns unser Brot und unseren Becher vorschreiben. Doch erlaubt mir nun, mich anderen Dingen zuzuwenden.

Salome zu einer Freundin

Er glich Pappeln,
die im Sonnenlicht flimmern,
einem einsamen Bergsee,
in dem sich die Sonne spiegelt,
dem Schnee auf den Gipfeln der Berge,
weiß funkelnd unter den Strahlen der Sonne.

Ich liebte Ihn,
und gleichzeitig fürchtete ich Seine Gegenwart.
Meine Füße weigerten sich,
die Bürde meiner Liebe zu tragen,
um Seine Füße mit meinen Armen zu umfangen.

Ich hätte Ihm sagen wollen:
Ich tötete deinen Freund
in einer Stunde der Leidenschaft.
Willst du mir meine Schuld nicht verzeihen?
Willst du dich meiner Jugend nicht erbarmen
und sie erlösen von ihrer blinden Tat?

Ich weiß, Er hätte mir den Tanz verziehen,
den ich für das heilige Haupt Seines Freundes tanzte.
Er hätte mich zu den Anhängern
Seiner Lehre gezählt,
denn es gab kein Tal des Hungers,

das Er nicht überbrückte,
und keine Wüste aus Durst,
die Er nicht durchquerte.

Ja, Er glich den Pappeln,
dem See inmitten der Hügel
und dem Schnee auf den Bergen des Libanon.
Wie gerne hätte ich meine Lippen
in den Falten Seines Gewandes gekühlt!

Doch war Er weit entfernt von mir,
und Scham hielt mich zurück,
und jedes Mal, wenn ich mich danach sehnte,
Ihn aufzusuchen,
hinderte meine Mutter mich daran.

Wenn ich Ihn vorbeigehen sah,
brannte das Herz in meinem Innern
und verlangte nach Seiner Schönheit.
Doch meine Mutter warf Ihm
verächtliche Blicke zu.

Sie zog mich vom Fenster weg
und schickte mich in mein Zimmer,
wobei sie laut rief:
Wieder so ein Heuschreckenfresser
aus der Wüste!

Was ist Er anders
als ein Lästerer und Verräter,
ein Aufrührer und Meuterer,
der uns Zepter und Krone raubt.

Die Füchse und Schakale
Seines verfluchten Landes hetzt Er auf,
in unseren Hallen zu heulen
und auf unseren Thronen zu sitzen.
Verbirg dein Gesicht vor diesem Tag
und warte auf jenen Tag,
an dem Sein Kopf fallen wird,
doch diesmal nicht auf dein Tablett.

So sprach meine Mutter;
aber mein Herz schenkte ihren Worten
keine Beachtung.
Insgeheim liebte ich Ihn,
und mein Schlaf war umgeben
von Flammen.

Nun hat Er uns verlassen,
und etwas, das in meinem Innern war,
ist mit Ihm verschwunden.
Vielleicht war es meine Jugend,
die nicht mehr hier verweilen will,
seitdem der Gott der Jugend getötet wurde.

Rachel, eine Jüngerin

Oft frage ich mich, ob Jesus ein Wesen aus Fleisch und Blut war wie wir oder nur ein Bild unserer Phantasie, eine Idee unserer Einbildungskraft.

Dann kommt mir der Gedanke, dass Er vielleicht nur ein Traum war, den zahlreiche Männer und Frauen gleichzeitig träumten in einem Schlaf, der tiefer ist als jeder andere Schlaf, oder ein Morgenrot, heiterer als jedes andere Morgenrot.

Als wir uns diesen Traum erzählten, begannen wir vielleicht, ihn für eine Wirklichkeit zu halten; unsere Phantasie verlieh ihm einen Körper und unsere Wünsche eine Stimme. Und so formten wir aus ihm ein Wesen gleich unserem Wesen.

Aber in Wahrheit war Jesus kein Traum! Drei Jahre lang haben wir Ihn gekannt und staunend beobachtet im hellen Mittagslicht. Wir sind Ihm von Ort zu Ort gefolgt und haben Seine Gleichnisse gehört; wir haben Seine Hände berührt und wurden Zeugen Seiner Wundertaten.

Und sind wir etwa ein Gedanke auf der Suche nach anderen Gedanken oder ein Traum aus der Welt der Träume?

Große Ereignisse erscheinen uns immer befremdend in unserem täglichen Leben, selbst wenn ihre Natur in unserer Natur verwurzelt ist. Und mag ihr Erscheinen auch blitzartig sein, so überdauern sie Generationen.

Jesus von Nazareth war das große Ereignis. Er, dessen Eltern und Geschwister wir kannten, war ein Wunder, das in Judäa seinen Ausgang nahm.

Würde man alle Wunder, die Er wirkte, zu Seinen Füßen versammeln, so würden sie nicht einmal bis zu Seinen Knöcheln reichen.

Und alle Flüsse könnten in allen Jahren die Erinnerungen in unseren Herzen nicht fortschwemmen.

Er war in der Nacht ein flammendes Gebirge und ein sanftes Schimmern über den Hügeln. Er war ein Sturm am Himmel und eine Brise in der Morgendämmerung.

Er war wie ein gewaltiger Wasserfall, der sich aus Bergeshöhen in die Täler stürzt und auf seinem Weg alles mit sich fortreißt. Und wie helles Kinderlachen war Er.

Alljährlich wartete ich auf den Frühling, um in dieses Tal zu kommen; ich erwartete die Lilien und Alpenveilchen. Und doch war meine Seele in all den Jahren betrübt, denn ich wollte mich mit dem Frühling freuen und vermochte es nicht.

Doch als Jesus in meine Jahreszeiten kam, da war Er selbst der Frühling, und Er war das Frühlingsversprechen für alle kommenden Jahre. Er erfüllte mein Herz mit Freude, und ich hüllte mein kleines ängstliches Ich wie ein Veilchen in das Licht Seiner Ankunft ein.

Und jetzt können die wechselnden Zeiten der Welten, die noch nicht die unsrigen sind, die Schönheit dieser Welt nicht mehr auslöschen.

Nein, Jesus war weder ein Schatten noch die Vorstellung eines Dichters oder ein Bild unserer Träume. Er war ein Mensch wie du und ich. Doch das bezieht sich nur auf Gehör, Gefühl und Gesicht. Sonst war Er anders als alle Menschen. Er war ein Mensch der Freude. Aus Kummer und Leid führte Er uns auf den Weg der Freude. Und selbst vom hohen Dach Seiner Leiden blickte Er auf die Freude der Menschen.

Er hatte Gesichte, die wir nicht wahrnahmen. Wenn Er sprach, schien es, als redete Er zu einer unsichtbaren Menge, und oftmals sprach Er durch uns zu ungeborenen Rassen.

Jesus war viel allein. Er lebte unter uns, und dennoch war er nicht wie wir. Er schritt auf dieser Erde, aber Er gehörte dem Himmel. Und nur in unserer eigenen Einsamkeit können wir den Boden Seiner Einsamkeit betreten.

Er liebte uns. Sein Herz war wie eine Weinkelter. Wir konnten uns jederzeit mit einem Becher nähern und von Ihm trinken.

Etwas blieb mir unverständlich: Er konnte mit Seinen Zuhörern vergnügt und lustig sein; Er konnte

Späße und Wortspiele zum Besten geben und aus vollem Herzen lachen, obgleich eine weite Entfernung in Seinen Blicken lag und Trauer in Seiner Stimme. Doch langsam beginne ich dies zu verstehen.
Manchmal stelle ich mir die Erde wie eine Frau vor, die ihr erstes Kind erwartet. Als Jesus geboren wurde, war Er ihr erstes Kind, und als Er starb, war Er der erste sterbende Mensch. Hattet ihr an diesem finsteren Freitag nicht auch den Eindruck, als sei die Erde versöhnt und als kämpften die Himmel mit den Himmeln?
Und als Sein Antlitz unseren Blicken entschwand, fühltet ihr da nicht auch, dass wir nichts mehr waren als Erinnerungen im Nebel?

Kleophas aus Batrun

Wenn Jesus sprach, schwieg die ganze Welt, um Ihm zu lauschen. Seine Worte richteten sich nicht nur an uns, sondern auch an die Elemente, aus denen Gott die Erde schuf.
Er sprach zu der unermesslichen See, der Mutter, die uns gebar; Er sprach zu unseren älteren Brüdern, den Bergen, deren Gipfel eine Verheißung sind.
Und über Meere und Berge hinweg sprach Er zu den Engeln, denen wir unsere Träume anvertrauten, noch

bevor der Lehm, aus dem wir geformt wurden, an der Sonne getrocknet war.

Und Seine Worte schlummern noch in unseren Herzen wie ein halb vergessenes Liebeslied, und manchmal schlagen sie wie Blitze in unser Bewusstsein ein.

Seine Rede war einfach und herzerfreuend, Seine Stimme war wie frisches Wasser, das auf eine ausgetrocknete Erde fällt.

Einmal hob Er Seine Hände gen Himmel, so dass Seine Finger wie die Zweige eines Bergahorns erschienen, und Er sagte mit lauter Stimme: »Die Propheten von einst haben zu euch gesprochen, und eure Ohren sind voll von ihren Worten. Ich aber sage euch, macht eure Ohren frei von allem, was ihr gehört habt!« Und diese Worte »Ich aber sage euch« wurden nicht von einem Menschen unserer Rasse ausgesprochen oder von jemandem aus dieser Welt, sondern vielmehr von einer Schar Seraphine, die den Himmel Judäas überflogen. Immer wieder zitierte Er das Gesetz und die Propheten, und dann fuhr Er fort: »Ich aber sage euch …«

Welche Leuchtkraft hatten diese Worte für uns!

Was für gewaltige Wellen unbekannter Meere spülten an die Küsten unseres Geistes, eingeleitet durch die Worte »Ich aber sage euch«! Was für leuchtende Sterne, welche die Finsternisse unserer Herzen erhellten!

Und welch wachsame Seelen, die das Morgenrot erwarteten!

Um treffend von Jesu Reden sprechen zu können, müsste man diese Reden oder ihr Echo besitzen. Ich aber besitze weder Seine Reden noch ihr Echo.

Ich bitte euch, mir zu vergeben, dass ich eine Geschichte begonnen habe, die ich nicht zu Ende führen kann. Aber das Ende ist noch nicht auf meinen Lippen. Es ist noch ein Liebeslied im Wind.

Naaman von den Gadarenern, ein Freund Stephanus'

Seine Jünger sind verstreut. Er vermachte ihnen das Leiden, bevor Er selbst dem Tode überliefert wurde. Sie werden gejagt wie das Wild des Waldes und die Füchse des Feldes, und der Köcher des Jägers ist noch voller Pfeile. Wenn sie gefangen genommen und zu Tode verurteilt werden, sind sie fröhlich, und ihre Gesichter strahlen wie der Bräutigam am Hochzeitstag, denn Er hinterließ ihnen auch das Vermächtnis der Freude.

Ich hatte einen Freund aus dem Norden; sein Name war Stephanus. Weil er verkündete, dass Jesus der Sohn Gottes ist, wurde er auf den Marktplatz geschleppt und dort gesteinigt.

Als Stephanus zu Boden fiel, streckte er die Arme aus, als ob er wie sein Meister sterben wollte. Seine Arme breiteten sich aus wie Flügel, die zum Flug bereit waren. Und mit meinen eigenen Augen sah ich ein Lächeln auf seinen Lippen, als der letzte Lichtschimmer in seinen Augen erlosch. Es war ein Lächeln wie die Brise, die vor dem Ende des Winters aufzieht und den Beginn des Frühlings verheißt.
Wie soll ich es beschreiben?
Es schien, als ob Stephanus sagen wollte: »Auch wenn ich in eine andere Welt käme, wo andere Menschen mich auf einem anderen Marktplatz kreuzigen würden, selbst dann würde ich Ihn verkünden wegen der Wahrheit, die in Ihm war und die nun in mir wohnt.« Ich sah einen Mann in seiner Nähe stehen und die Steinigung von Stephanus mit Befriedigung beobachten.
Sein Name war Saulus von Tarsus; er war es gewesen, der Stephanus den Priestern, den Römern und der Menge zur Steinigung ausgeliefert hatte.
Saulus war kahlköpfig und von kleiner Statur. Seine Schultern waren vorgebeugt und sein Gesicht war finster. Auf Anhieb war er mir unsympathisch.
Man hat mir gesagt, dass er Jesus nun von den Dächern der Häuser verkündet. Es fällt mir schwer, dies zu glauben.
Selbst das Grab hindert Jesus also nicht daran, ins

feindliche Lager vorzudringen, um diejenigen zu unterwerfen, die Ihn bekämpften.

Immer noch empfinde ich Abneigung gegen diesen Mann von Tarsus, obgleich ich erfahren habe, dass er nach Stephanus' Tod auf dem Weg nach Damaskus gezähmt und besiegt wurde. Aber sein Kopf ist zu groß für sein Herz, um das Herz eines treuen Jüngers zu sein.

Doch kann ich mich darin irren. Ich irre mich nämlich häufig.

Thomas

Mein Großvater, der ein Rechtsgelehrter war, hat einmal gesagt: »Lasst uns der Wahrheit folgen, wenn sie sich uns manifestiert hat!«

Als Jesus mich rief, folgte ich Ihm, denn Seine Aufforderung war stärker als mein Wille. Doch ich bewahrte meinen gesunden Menschenverstand.

Wenn Er sprach und die anderen wie Zweige im Wind bebten, hörte ich Ihm unbeweglich zu. Aber ich liebte Ihn.

Vor drei Jahren ging Er von uns und ließ eine kleine, verstreute Gemeinde zurück, um Seinen Namen zu singen und Ihn vor den Nationen zu bezeugen.

Zu jener Zeit nannte man mich Thomas, den Zweifler, denn der Schatten meines Großvaters lag noch auf mir; ich hatte es mir angewöhnt abzuwarten, bis eine Wahrheit augenscheinlich wurde.

Ja, ich ging darin so weit, dass ich erst meine Hand in meine eigene Wunde legen musste, um das Blut zu fühlen, bevor ich an meine Schmerzen glaubte.

Aber ein Mensch, der mit seinem Herzen liebt und mit seinem Verstand zweifelt, gleicht einem Galeerensklaven, der auf seiner Ruderbank einschläft und von der Freiheit träumt, bis die Peitsche des Meisters ihn weckt.

Ich selbst war ein solcher Sklave; ich träumte von der Freiheit, während der Schlaf meines Großvaters mich betäubte. Ich brauchte den Peitschenhieb meiner eigenen Tage.

Selbst in der Gegenwart des Nazaräers blieben meine Augen geschlossen und meine Hände an der Ruderbank gefesselt.

Denn der Schmerz des Zweifels ist zu einsam, als dass er ahnen könnte, dass der Glaube sein Zwillingsbruder ist.

Der Zweifel ist ein unglückliches Findelkind, das sich verirrte. Selbst wenn seine eigene Mutter, die ihm das Leben schenkte, es wiederfände und in ihre Arme schließen wollte, so würde es sich ihr aus Misstrauen und Furcht entziehen.

Der Zweifel wird erst dann die Wahrheit erkennen, wenn seine Wunden behandelt und geheilt wurden.

Ich zweifelte an Jesus bis zu dem Tag, an dem Er sich mir offenbarte, als Er meine eigene Hand nahm und sie in Seine leibhaftigen Wunden legte.

Da glaubte ich und war befreit von meiner Vergangenheit und der Vergangenheit meiner Vorväter.

Der Tote in mir begrub ihre Toten, und der Lebendige in mir wird für den gesalbten König leben, welcher der Menschensohn ist.

Gestern wurde mir mitgeteilt, dass ich Seinen Namen den Persern und Hindus verkünden solle.

Gerne werde ich die Reise dorthin antreten. Und von diesem Tag an bis zu meinem letzten Tag werde ich beim Aufgang der Sonne und bei ihrem Untergang meinen Herrn sehen, der sich glanzvoll erhebt, und ich werde Ihn sprechen hören.

Elmadam, der Logiker

Ihr ersucht mich, über Jesus, den Nazaräer, zu sprechen. Vieles hätte ich über Ihn zu berichten, aber die Zeit ist noch nicht reif dafür. Doch was ich euch jetzt bereits sagen werde, ist wahr, denn alle Reden, die nicht die Wahrheit ans Licht bringen, sind wertlos.

Stellt euch einen Aufrührer vor, der gegen jede etablierte Ordnung rebelliert, einen Bettler, der allem

Besitz feindlich gegenübersteht, einen Säufer, der sich nur in der Gesellschaft von Landstreichern und Aussteigern wohl fühlt.

Er war weder ein stolzer Sohn des Staates noch ein würdiger Bürger des Reiches, deshalb hegte Er Misstrauen gegen beide, sowohl den Staat als auch das Reich.

Er wollte so frei und pflichtvergessen leben wie die Vögel des Himmels, deshalb brachten Ihn die Vogeljäger mit ihren Pfeilen auf die Erde zurück.

Niemand kann die Mauern von gestern einrammen und den fallenden Steinen entrinnen.

Keiner wird die Schleusen seiner Vorfahren öffnen, ohne in den Fluten zu ertrinken. Dies ist ein Gesetz. Und da der Nazaräer und Seine Jünger dieses Gesetz missachteten, wurden sie vernichtet.

So wie Er handelten viele andere Männer, die den Lauf des Schicksals ändern wollten. Doch sie waren es, die verändert wurden, und sie waren die Verlierer.

An der Stadtmauer gibt es einen unfruchtbaren Weinstock, der keine Reben trägt. Er wächst die Mauer hoch und klammert sich an den Steinen fest. Was würden die anderen Pflanzen wohl sagen, wenn dieser Weinstock von sich behauptete: »Mit meiner Kraft und Schwere werde ich diese Mauern zertrümmern!«? Gewiss würden sie über seine Torheit lachen.

Und auch ich kann nur lachen über diesen Mann und
Seine törichten Jünger.

Eine der Marien

Sein Kopf war stets erhoben, und die Flamme Gottes leuchtete in seinen Augen.
Oft war Er traurig, aber Seine Trauer war Zärtlichkeit gegenüber den Leidenden und Zuwendung gegenüber den Einsamen.
Wenn Er lächelte, glich Sein Lächeln dem Hunger derer, die sich nach dem Unbekannten sehnen. Es war wie Staub von Sternen, der auf die Augenlider von Kindern fällt. Und es war wie ein Stück Brot im Mund.
Er war traurig, aber es war eine Trauer, die als ein sanftes Lächeln auf Seinen Lippen erschien.
Es war wie ein goldener Schleier, der über dem Wald liegt, wenn der Herbst Einkehr hält. Und manchmal glich es dem Mondlicht über den Ufern des Sees.
Er lächelte, als ob Seine Lippen ein Lied zum Hochzeitsfest anstimmen wollten.
Dennoch war Er traurig. Es war die Trauer eines Beflügelten, der sich nicht höher als Seine Begleiter emporschwingen möchte.

Rumanos, ein griechischer Dichter

Er war ein Dichter, der für unsere Augen sah und für unsere Ohren hörte; auf Seinen Lippen waren unsere unausgesprochenen Worte, und Seine Finger berührten, was wir nicht fühlen konnten.

Aus Seinem Herzen flog eine große Schar singender Vögel gen Norden und Süden, und die kleinen Blumen auf den Abhängen der Hügel säumten Seine Schritte zum Himmel.

Manchmal sah ich Ihn sich bücken, um die Grashalme zu berühren, und in meinem Herzen hörte ich Ihn sagen: »Kleine grüne Halme, ihr werdet mit mir in meinem Königreich sein ebenso wie die Eichen von Bessan und die Zedern des Libanon!«

Er liebte die Schönheit in allen Dingen: scheue Kindergesichter oder Myrrhe und Weihrauch aus dem Süden, Er wusste einen Granatapfel oder einen Becher Wein zu schätzen, den Ihm ein Fremder in einem Wirtshaus oder ein reicher Gastwirt freundlich anbot. Er mochte die Blüten des Mandelbaums; einmal beobachtete ich Ihn, wie Er sie in Seinen Händen sammelte und Sein Gesicht in die Blütenblätter tauchte, als ob Er alle Mandelbäume der Welt liebkosen wollte.

Er kannte das Meer und den Himmel; Er sprach von Perlen, deren Licht sich von unserem Licht unterscheidet, und von Sternen, die sich jenseits unserer Nächte befinden.

Er kannte die Gebirge, wie nur die Adler sie kennen, und die Täler waren Ihm vertraut wie nur den Flüssen und Bächen.

Sein Schweigen war eine Wüste und Sein Reden ein Garten.

Ja, Er war ein Dichter, dessen Herz in einer Laube jenseits der höchsten Höhen lebte. Seine Lieder, die Er für unsere Ohren sang, richteten sich gleichzeitig an andere Ohren, an Menschen in fernen Ländern, wo das Leben ewig jung ist und wo die Zeit am Morgen stehen bleibt.

Einst hielt ich selbst mich für einen Dichter. Doch als ich in Bethanien vor Ihm stand, da erfuhr ich, was es bedeutet, ein Instrument mit einer einzigen Saite in Händen zu halten vor demjenigen, der alle Instrumente beherrscht. Denn in Seiner Stimme erklangen das Lachen des Donners, die Tränen des Regens und der fröhliche Tanz der Zweige im Wind.

Seitdem ich weiß, dass meine Lyra nur eine Saite besitzt und dass meine Stimme weder die Erinnerungen von gestern noch die Hoffnungen von morgen heraufzubeschwören vermag, habe ich meine Lyra beiseite gelegt und mich in Schweigen gehüllt.

Doch in der Dämmerung lausche ich stets, um den Dichter zu hören, den Fürsten aller Dichter.

Levi, ein Jünger

Eines Abends kam Er an meinem Haus vorbei, und mein Herz freute sich. Er sprach mich an und sagte: »Komm Levi, folge mir!« Und ich folgte Ihm an diesem Tag.

Am Abend des folgenden Tages bat ich Ihn, mein Haus zu betreten und mein Gast zu sein. Er und Seine Freunde traten über die Schwelle meines Hauses, und Er segnete mich, meine Frau und meine Kinder. Ich hatte noch andere Gäste. Es waren Zöllner und Gelehrte, und in ihren Herzen waren sie Ihm feindlich gesonnen.

Als wir uns zu Tisch setzten, fragte Ihn einer der Zöllner: »Ist es wahr, dass ihr, du und deine Freunde, das Gesetz nicht einhaltet und am Sabbat Feuer anzündet?«

Jesus entgegnete: »Du hast Recht, wir zünden am Sabbat wirklich Feuer an. Wir möchten nämlich den Sabbat entflammen und mit unseren Fackeln das trockene Stroh aller Tage in Brand stecken!«

Ein anderer Zöllner sagte: »Uns wurde berichtet, dass du mit den Unreinen in Wirtshäusern Wein trinkst!«

Jesus erwiderte: »Ja, auch diese wollen wir erfreuen. Sind wir nicht in die Welt gekommen, um das Brot und den Becher zu teilen mit denjenigen, die ungekrönt und barfuß sind? Selten, viel zu selten sind die federlosen Vögel, die sich dem Wind aussetzen, und zu zahlreich sind die gefiederten, beflügelten Vögel, die in ihrem Nest bleiben. Wir suchen sie alle mit unserem Schnabel zu füttern, die Trägen ebenso wie die Flinken.«

Und wieder ein anderer fragte: »Hat man mir recht berichtet, dass du die Prostituierten von Jerusalem schützt?« Als ich Jesus ins Gesicht sah, erblickte ich darin die Felsengipfel des Libanon, und Er antwortete:

»Es ist wahr! Am Tag der Abrechnung werden diese Frauen vor dem Thron meines Vaters erscheinen, und sie werden reingewaschen werden von ihren eigenen Tränen. Ihr aber werdet am Boden liegen, gefesselt von den Ketten des Richterspruchs. Wahrlich, Babylon wurde nicht seiner Prostituierten wegen zerstört. Babylon fiel in Asche, damit die Augen seiner Heuchler nicht länger das Tageslicht sehen.«

Noch andere Zöllner wollten Ihm Fragen stellen, doch ich gab ihnen ein Zeichen, davon abzulassen, denn ich wusste, dass Er sie beschämen würde. Aber auch sie waren meine Gäste, und ich wollte sie nicht gedemütigt sehen.

Um Mitternacht verließen die Zöllner mein Haus, und ihre Seelen lahmten.

Da schloss ich meine Augen und sah in einer Vision

sieben Frauen in weißen Gewändern, die Jesus umstanden. Ihre Arme waren über ihrer Brust gekreuzt, und ihre Köpfe waren gebeugt. Ich versuchte, den Dunst meines Traumes zu durchdringen, und ich konnte das Gesicht einer der sieben Frauen deutlich erkennen, und es leuchtete in meiner Dunkelheit.

Es war das Gesicht einer bekannten Prostituierten in Jerusalem. Da öffnete ich meine Augen und sah Jesus an. Er lächelte mich und die anderen an, welche die Tafel noch nicht verlassen hatten. Erneut schloss ich meine Augen und sah unter einem Lichtstrahl sieben Männer in weißen Gewändern um Ihn herumstehen. Ich schaute das Traumgesicht eindringlich an und erkannte eins der Gesichter. Es war das Gesicht des Diebes, der später zu Seiner Rechten gekreuzigt wurde.

Bald darauf verließen Jesus und Seine Freunde mein Haus und zogen ihres Weges.

Eine Witwe in Galiläa

Mein Sohn war mein Erstgeborener und Einziger. Er arbeitete auf unseren Feldern, und er war zufrieden, bis er diesen Mann Jesus zu der Menge sprechen hörte.

Da veränderte sich mein Sohn plötzlich, als ob ein

fremder, schädlicher Geist sich seiner bemächtigt hätte.

Er verließ die Felder und den Garten und überließ mich meinem Schicksal. Er selbst wurde zu einem nichtsnutzigen Landstreicher. Dieser Mann Jesus von Nazareth war bösartig, denn welcher gute Mensch trennt einen Sohn von seiner Mutter?

Die letzten Worte, die mein Sohn zu mir sprach, waren diese:

»Ich gehe mit einem Seiner Jünger in den Norden. Mein Leben ist von nun an auf dem des Nazaräers gegründet. Du hast mich zur Welt gebracht, und ich bin dir dankbar dafür. Aber jetzt muss ich gehen. Lass ich dir nicht unser reiches Land sowie unser Gold und Silber zurück? Ich werde nichts mitnehmen außer diesem Gewand und diesem Stab.«

So sprach mein Sohn und verließ mich.

Und nun haben die Römer und die Priester Hand an Jesus gelegt und Ihn gekreuzigt. Sie taten recht so! Ein Mann, der Mutter und Sohn trennt, kann nicht göttlich sein!

Und der Mann, der unsere Kinder in die Städte der Heiden schickt, ist nicht unser Freund.

Ich weiß, dass mein Sohn nie mehr zu mir zurückkehren wird. Ich las es in seinen Augen. Und darum hasse ich Jesus von Nazareth, der die Ursache dafür ist, dass ich alleine bin mit diesen ungepflügten Feldern und dem verwilderten Garten. Und ich hasse auch alle, die Ihn rühmen.

Vor wenigen Tagen erzählte man mir, dass Jesus gesagt hat: »Mein Vater, meine Mutter und meine Brüder sind diejenigen, die meine Worte hören und mir folgen.«

Warum aber sollen Söhne ihre Mütter verlassen und in Seine Fußstapfen treten?

Warum soll mein Sohn einer unbekannten Quelle wegen die Milch in meinen Brüsten vergessen?

Warum soll er die Wärme meiner Arme aufgeben für ein kaltes, unfreundliches Land im Norden?

Ja, ich hasse den Nazaräer, und ich werde Ihn bis zum Ende meiner Tage hassen, denn Er hat mich meines Erstgeborenen und meines einzigen Sohnes beraubt.

Judas, ein Vetter Jesu

In einer Augustnacht verweilten wir mit dem Meister auf einem Anger – nicht weit vom See –, den die Alten »Schädelstätte« nannten. Jesus lag ausgestreckt auf dem Rasen und betrachtete die Sterne. Da sahen wir plötzlich zwei Männer atemlos auf uns zu eilen, als ob sie um ihr Leben liefen. Als sie uns erreicht hatten, fielen sie dem Meister zu Füßen.

Jesus stand auf und fragte sie: »Woher kommt ihr?«

Einer der Männer antwortete: »Von Machairus.«
Jesus schaute ihn beunruhigt an und fragte: »Was ist mit Johannes?«
Die Männer entgegneten: »Heute wurde er getötet. Man hat ihn in seiner Gefängniszelle enthauptet.«
Jesus hob Seinen Kopf und entfernte sich von uns. Nach einer Weile kam Er zurück und stand wieder in unserer Mitte. Und Er sprach: »Der König hätte den Propheten vor diesem Tag töten können. Er hat das Vergnügen seiner Untertanen auf eine harte Probe gestellt. Die Könige von einst zögerten nicht so lange, den Kopf eines Propheten an die Kopfjäger auszuliefern. Ich bin betrübt, doch nicht so sehr wegen Johannes als vielmehr wegen Herodes, der zum Schwerte griff.
Bedauernswerter König, der sich wie ein Tier einfangen lässt, um sich an einer Halskette und einem Strick führen zu lassen!
Arme bedeutungslose Vierfürsten, die in ihrer eigenen Nacht verstrickt sind und in der Finsternis stolpern und zu Boden fallen! Doch was wollt ihr aus einem abgestandenen See anderes holen als tote Fische?
Ich verachte die Könige nicht! Sollen sie doch die Menschen regieren, aber unter der Voraussetzung, dass sie weiser sind als jene.«
Der Meister schaute auf die zwei sorgenvollen Ge-

sichter vor Ihm, dann sah Er uns an und fuhr in Seiner Rede fort:

»Johannes wurde mit einer Wunde geboren, und das Blut seiner Wunde verströmte in seinen Worten. Er war die Freiheit, die nicht von sich selber befreit ist; er hatte nur mit ehrlichen, redlichen Menschen Geduld.

Er war eine Stimme, die tauben Ohren predigte; ich liebte ihn in seinem Schmerz und in seiner Einsamkeit! Und ich liebte seinen Stolz, der es vorzog, seinen Kopf dem Schwert auszuliefern, statt ihn in den Staub zu beugen.

Wahrlich, ich sage euch, Johannes, der Sohn des Zacharias, war der letzte seiner Rasse, und ebenso wie seine Vorväter wurde er auf der Schwelle vom Tempel zum Altar erschlagen.«

Wieder entfernte sich Jesus eine Weile von uns. Als Er zurückkam, sagte Er: »Schon immer war es so, dass die Regenten einer Stunde die Herrscher vieler Jahre töten; sie leiten ein Gerichtsverfahren ein und verurteilen einen Menschen, der noch nicht geboren wurde; sie beschließen seinen Tod, noch bevor er ein Verbrechen begangen hat. Fürwahr, der Sohn des Zacharias wird mit mir in meinem Königreich leben, und sein Tag wird lang sein.«

Dann wandte Er sich an die Jünger des Johannes und sagte:

»Jede Tat hat ihr Morgen. Vielleicht bin ich selbst das ›Morgen‹ dieser Tat. Kehrt zurück zu den Jüngern meines Freundes und sagt ihnen, dass ich mit ihnen sein werde.«

Da verließen uns die beiden Männer, und sie schienen weniger bekümmert zu sein.

Jesus legte sich in das Gras zurück, breitete Seine Arme aus und gab sich wieder der Betrachtung der Sterne hin.

Ich lag nicht weit von Ihm entfernt. Es war spät, und ich hätte zu gerne geschlafen; aber eine Hand klopfte an die Pforte meines Schlafes, und ich lag wach, bis Jesus und das Morgenrot mich einluden, unseren Weg fortzusetzen.

Ein Mann aus der Wüste

Ich war ein Fremder in Jerusalem. Ich war in die Heilige Stadt gekommen, um den Tempel zu besichtigen und auf seinem Altar zu opfern, denn meine Frau hatte meinem Stamm Zwillingssöhne geboren.

Nachdem ich meine Opfergabe dargebracht hatte, stand ich in der Säulenhalle des Tempels, schaute auf die Geldwechsler und Taubenverkäufer und vernahm das ohrenbetäubende Stimmengewirr im Hof.

Als ich dort so stand, tauchte plötzlich inmitten der

Geldwechsler und Taubenverkäufer ein Mann auf, der sich mit raschen Schritten genähert hatte. Er war von Achtung gebietender Erscheinung. In Seiner Hand hielt Er einen Strick aus Ziegenfell, womit Er begann, die Tische der Geldwechsler umzuwerfen und die Taubenverkäufer zu peitschen.

Ich hörte Ihn mit lauter Stimme sagen: »Gebt diese Vögel dem Himmel zurück, der ihr Nest ist!«

Männer und Frauen flüchteten vor Ihm, und Er bewegte sich in ihrer Mitte wie ein Wirbelwind inmitten von Sanddünen.

All dies ereignete sich in einem Augenblick. Dann war der Tempelhof leer. Nur dieser Mann stand ganz alleine dort, und Seine Begleiter hielten sich in einiger Entfernung von Ihm.

Als ich mich umdrehte, sah ich jemanden in der Säulenhalle stehen. Ich näherte mich ihm und fragte: »Mein Herr, wer ist dieser Mann, der dort einsam steht wie ein zweiter Tempel?«

Er antwortete:

»Das ist Jesus von Nazareth, ein Prophet, der kürzlich in Galiläa erschien. Hier in Jerusalem hassen Ihn alle.«

Ich entgegnete:

»Mein Herz war stark genug für Seine Peitschen und fügsam genug, um Ihm zu Füßen zu fallen.«

Da ging Jesus auf Seine Begleiter zu, die auf Ihn

warteten. Bevor Er sie erreichte, kamen drei Tempeltauben zurückgeflogen; eine von ihnen ließ sich auf Seiner linken Schulter nieder und die zwei anderen zu Seinen Füßen. Er streichelte eine jede von ihnen zärtlich. Dann ging Er weiter, und es waren Meilen in jedem Seiner Schritte.

Nun sag mir, welche Macht besaß Er, Hunderte von Männern und Frauen anzugreifen und zu vertreiben, ohne dass sich einer von ihnen Ihm widersetzte?

Mir wurde gesagt, dass sie Ihn alle hassen. Doch hat niemand Ihm an diesem Tag Widerstand geleistet. Hatte Er ihnen etwa auf Seinem Weg zum Tempel die Giftzähne des Hasses gezogen?

Petrus

Einmal führte Jesus uns bei Sonnenuntergang ins Dorf Bethsaida. Wir waren eine müde und erschöpfte Gesellschaft, bedeckt vom Staub der Landstraßen.

Vor einem großen Haus inmitten eines Gartens machten wir Halt; der Besitzer des Hauses stand am Portal.

Jesus sprach ihn an und sagte: »Diese Männer sind erschöpft und fußlahm, sie brauchen dringend eine Rast, etwas Wärme und Ruhe. Lass sie in deinem Haus schlafen, denn die Nacht ist kalt.«

Doch der reiche Mann entgegnete: »Keinesfalls werden sie in meinem Haus schlafen!«

Jesus sagte: »Dann erlaube ihnen wenigstens, in deinem Garten zu übernachten!«

Der Mann erwiderte: »Auch in meinem Garten lasse ich sie nicht übernachten!«

Da wandte Jesus sich an uns und sprach: »Das ist es, was euch morgen erwartet! Diese Gegenwart verweist auf eure Zukunft: Alle Türen werden sich vor euren Gesichtern schließen, und man wird es ablehnen, dass ihr euer Lager in den Gärten unter dem Sternenhimmel aufschlagt. Doch wenn eure Füße sich noch ein wenig gedulden und mir folgen, so werdet ihr schließlich ein Wasserbecken und ein Bett finden und vielleicht sogar Brot und Wein. Wenn ihr aber nichts von alledem vorfindet, dann denkt daran, dass ihr eine meiner Wüsten durchquert habt. Kommt, lasst uns weitergehen!«

Der reiche Mann schien verunsichert. Er schaute uns verwirrt nach und murmelte etwas in seinen Bart, das ich nicht verstand. Dann drehte er uns seinen Rücken zu und ging in seinen Garten.

Und wir folgten Jesus auf Seinem Weg.

Malachias von Babylon, ein Astronom

Ihr fragt mich nach den Wundern Jesu.
Alle tausend mal tausend Jahre treffen sich Sonne, Mond, die Erde und all ihre Geschwisterplaneten in einer geraden Linie. Dann beratschlagen sie einen Augenblick zusammen, bevor sie wieder auseinander treiben und darauf warten, dass wieder tausend mal tausend Jahre vergehen und sie sich für einen Augenblick wiedersehen.
Kein Wunder ist größer als das der Jahreszeiten. Und du und ich, wir kennen längst nicht alle Jahreszeiten. Wie wäre es, wenn eine Jahreszeit in der Gestalt eines Menschen erschiene? In Jesus vereinten sich die Elemente unseres Körpers mit den Elementen unserer Träume. Alles, was vor Ihm außerhalb der Zeit lag, trat mit Ihm in die Zeit ein.
Man sagt, dass Er Blinde sehend und Lahme gehend machte und dass Er aus den Besessenen die Dämonen vertrieb.
Vielleicht ist Blindheit nur ein dunkler Gedanke, den ein heller Gedanke vertreiben kann. Ein lahmes Glied ist möglicherweise nur Trägheit, die sich durch Energieübertragung beleben lässt. Und vielleicht können Dämonen, diese Unruhegeister unseres Lebens, durch Engel des Friedens und der Heiterkeit verscheucht werden.

Ja, man sagt sogar, dass Er Tote ins Leben zurückrief.

Wenn ihr mir sagen könnt, was der Tod ist, werde ich euch sagen, was das Leben ist.

Auf einem Feld sah ich einmal eine Eichel, ein scheinbar nutzloses und unscheinbares Ding. Als ich aber im Frühling wiederkam, hatte die Eichel Wurzeln geschlagen und streckte sich zur Sonne aus; es war der Beginn eines mächtigen Eichenbaums.

Sicher werdet ihr das als Wunder bezeichnen. Und solches Wunder vollzieht sich tausend und abertausend Male im Schlummer jedes Herbstes und in der Leidenschaft jedes Frühlings.

Warum soll es sich nicht auch im Herzen der Menschen ereignen können? Warum sollen sich die Jahreszeiten nicht treffen in den Händen oder auf den Lippen eines Gesalbten?

Wenn Gott der Erde die Kraft schenkte, eine scheinbar tote Saat in ihrem Innern zum Leben keimen zu lassen, warum sollte Er dem Menschenherzen nicht die Kraft verleihen, Leben in ein anderes Herz zu hauchen, das scheinbar tot ist?

Ich sprach von jenen Wundern, die ich für gering erachte im Vergleich zu dem ungleich größeren Wunder, das dieser Mann selber ist, dieser Wanderer, dieser Mann, der meinen Unrat in Gold verwandelte, der mich lehrte, diejenigen zu lieben, die mich hassen, der meinem Leben Erquickung schenkte und meinem Schlaf die angenehmsten Träume.

Das ist das Wunder in meinem eigenen Leben.

Meine Seele war blind und lahm, und ich war besessen von ruhelosen Geistern, und ich war tot.

Nun aber sehe ich klar und gehe aufrecht. Ich lebe in Frieden mit mir, und jede Stunde des Tages bezeuge und verkünde ich mein lebendiges Sein.

Ich gehöre nicht zu Seinen Jüngern. Ich bin nur ein alter Astronom, der die Felder des Kosmos in jeder Jahreszeit einmal besucht, um seine Gesetze und Wunder zu beobachten.

Ich habe die Abenddämmerung meines Lebens erreicht, und wenn ich das Morgenrot meines Lebens suche, dann halte ich Ausschau nach der Jugend Jesu.

Denn immer sucht das Alter die Jugend. In mir ist die Wissenschaft jetzt auf der Suche nach der Vision.

Ein Philosoph

Als Er unter uns lebte, betrachtete Er uns und unsere Welt mit staunenden Augen, denn Sein Blick war nicht unverhüllt vom Schleier der Jahre; alles, was Er sah, war hell und erschien Ihm im Lichte Seiner Jugend.

Obwohl Er die Schönheit zutiefst kannte, ließ Er sich immer wieder überraschen von ihrer Pracht und ihrem Frieden.

Er betrachtete die Erde, wie der erste Mensch den ersten Tag anschaute.

Wir, deren Sinne abgestumpft sind, wir blicken auf die Erscheinungen des Tages und sehen nichts, wir hören und vernehmen nichts, wir strecken unsere Hände aus und fühlen nichts. Und wenn man für uns den gesamten Weihrauch Arabiens verbrennen würde, wir würden unseren Weg fortsetzen, ohne etwas zu bemerken.

Wir sehen nicht, wie der Bauer bei Anbruch der Nacht von seinen Feldern heimkehrt, wir hören nicht die Flöte des Hirten, wenn er seine Herde auf die Weide führt, und wir strecken unsere Hand nicht aus, um das Abendrot zu berühren. Unsere Nasenflügel sehnen sich nicht nach dem Duft der Rosen von Saron.

Nein, wir ehren keinen König ohne Königreich, und wir hören den Klang der Harfen erst, wenn die Finger ihre Saiten berühren. Wir sehen nicht das Kind in unserem Olivenhain spielen, als wenn es selbst ein junger Olivenbaum wäre.

Alle Worte müssen von den Lippen kommen, sonst glauben wir, dass wir ein Gespräch mit Taubstummen führten.

Wahrlich, wir schauen und sehen nichts, wir hören und vernehmen nichts, wir essen und trinken, ohne etwas zu schmecken. Und darin unterscheiden wir uns von Jesus, dem Nazaräer.

Seine Sinne waren stets wach; für ihn war die Welt immer wieder eine neue Welt.

Ihm galt das Stammeln eines Kindes nicht weniger als der Schrei der ganzen Menschheit, während es für uns einfach nur ein Stammeln ist.

Für Ihn bedeutete die Wurzel einer Butterblume das Streben nach Gott, während wir in ihr lediglich die Wurzel einer Blume sehen.

Uriah, ein alter Mann aus Nazareth

Er blieb ein Fremder unter uns, und Sein Leben verbarg sich hinter dichten Schleiern. Er ging nicht auf dem Pfad unseres Gottes, sondern schlug den Weg der Unreinen und Ehrlosen ein.

Seine Kindheit lehnte sich auf und verschmähte die süße Milch unserer Natur.

Seine Jugend entflammte wie trockenes Gras, das in der Nacht brennt. Und als Er ein Mann wurde, richtete Er Seine Waffen gegen uns alle.

Solche Menschen werden zur Zeit der Ebbe menschlicher Güte empfangen und während unheiliger Stürme geboren. Im Gewitter leben sie einen Tag lang, dann verschwinden sie für immer.

Erinnert ihr euch nicht an den eingebildeten, anmaßenden Jüngling, der mit unseren gebildeten Ältesten im Tempel ein Streitgespräch führen wollte und sich über ihre Weisheit lustig machte?

Erinnert ihr euch nicht an Seine Jugend, als Er noch von Seiner Säge und Seinem Meißel lebte? An den Festtagen sah man Ihn nie mit unseren Söhnen und Töchtern zusammen, vielmehr zog Er sich zurück und wanderte auf einsamen Wegen.

Er erwiderte unseren Gruß nicht, so als wäre Er erhaben über uns.

Einmal traf ich Ihn auf dem Feld und grüßte Ihn; Er lächelte nur, und in Seinem Lächeln bemerkte ich Arroganz und Herablassung.

Kurz darauf ging meine Tochter mit ihren Freundinnen in den Weinberg, um Trauben zu pflücken. Auch sie sprach Ihn an, aber Er antwortete nicht. Hingegen unterhielt Er sich mit den Arbeitern im Weinberg und nahm keine Notiz von meiner Tochter.

Als Er Seine Familie verließ, um als Vagabund und Landstreicher zu leben, wurde Er ein Schwätzer. Seine Worte waren wie Krallen in unserem Fleisch, und der Klang Seiner Stimme ist ein anhaltender Schmerz in unserer Erinnerung.

Er schmähte uns, unsere Väter und Vorväter, und mit Seiner Zunge traf Er auf unsere Herzen wie mit giftigen Pfeilen.

So war Jesus.

Wenn Er mein Sohn gewesen wäre, hätte ich Ihn den römischen Legionen Arabiens übergeben und den Hauptmann gebeten, Ihn an vorderster Front aufzustellen, so dass die Pfeile des Feindes Ihn treffen und mich von Seiner Anmaßung befreien.

Doch ich habe keinen Sohn. Und vielleicht sollte ich dafür dankbar sein. Denn was wäre, wenn mein Sohn ein Feind seines eigenen Volkes wäre?

Meine grauen Haare würden den Staub des Bodens berühren, und mein weißer Bart wäre entehrt.

Nikodemus, ein Dichter, der Jüngste im Ältestenrat

Zahlreich sind die Unverständigen, die behaupten, dass Jesus sich selbst im Wege stand, dass Er nicht wusste, was Er wollte, und dass Er sich aufgrund mangelnder Einsicht selber zugrunde richtete. Ebenso zahlreich sind die Eulen, die außer ihrem eigenen Geheul kein anderes Lied kennen. Ihr und ich, wir kennen die Wortkünstler, die nur einen größeren Gaukler anerkennen, Männer, die ihre Köpfe in Körben zum Marktplatz tragen und sie dem ersten besten Abnehmer verkaufen.

Wir kennen die Zwerge, deren Befriedigung es ist, die Riesen zu beschimpfen, und wir wissen, was das Unkraut über die Eiche oder die Zeder sagt.

Ich empfinde Mitleid mit ihnen, denn sie sind nicht imstande, die Höhen zu erklimmen. Ich bemitleide den verkümmerten Dornenstrauch, der die Ulme beneidet, weil sie den Jahreszeiten trotzt. Doch mein Mitleid, selbst wenn es von der Anteilnahme aller Engel begleitet ist, vermag ihnen kein Licht zu bringen.

Ich kenne die Vogelscheuche, deren zerrissene Kleider im Kornfeld flattern, obgleich sie selber tot ist für das Korn und den singenden Wind.

Ich kenne die flügellose Spinne, die ein Netz spinnt, um alles einzufangen, was fliegt.

Ich kenne die Wichtigtuer und Ausposauner, die in der Flut ihres eigenen Lärms weder die Feldlerche noch den Ostwind im Wald hören können.

Ich kenne denjenigen, der gegen alle Ströme rudert und dennoch nie die Quelle erreicht, und jenen, der dem Lauf aller Flüsse folgt, sich aber nicht getraut, ins Meer zu münden.

Ich kenne denjenigen, der seine ungelernten Hände den Tempelbauern anbietet, und wenn man seine unerfahrenen Hände ablehnt, sich insgeheim sagt: »Ich werde all das zerstören, was sie aufbauen!« Ich kenne all jene; es sind die gleichen, die Jesus vorwerfen, dass Er an einem Tag sagte: »Ich bringe euch den Frieden!« und an einem anderen Tag: »Ich bringe das Schwert!«

Sie verstehen nicht, dass Er damit in Wahrheit sagte: »Ich bringe den Menschen guten Willens den Frieden, und ich lege das Schwert zwischen jene, die den Frieden wünschen, und jene, die den Krieg wollen.«

Sie wundern sich, dass der gleiche Mund, der behauptete: »Mein Königreich ist nicht von dieser Welt«, auch sagte: »Erstattet Cäsar, was Cäsars ist!«

Sie wissen nicht, dass sie dem Türhüter ihrer Bedürfnisse keinen Widerstand leisten sollten, wenn sie wirklich frei werden wollen, um das Königreich der Passion zu betreten. Es empfiehlt sich nämlich, diesen Obolus freudig zu entrichten, um in jene Stadt einzutreten.

Solche Menschen werfen Jesus vor: »Er predigte Güte und Elternliebe, aber Er beachtete weder Seine Mutter noch Seine Brüder, als sie Ihn in den Straßen Jerusalems aufsuchten.«

Sie wissen nicht, dass Seine Mutter und Seine Brüder in ihrer ängstlichen Liebe Ihn an die Hobelbank zurückzuholen gedachten, während Er dabei war, unsere Augen für das Morgenrot eines neuen Tages zu öffnen.

Seine Mutter und Seine Brüder hätten Ihn im Schatten des Todes leben lassen, Er aber hatte sich angeschickt, dem Tod auf jenem Hügel zu trotzen, auf dass Er ewig in unserem Gedächtnis weiterlebe.

Ich kenne diese Maulwürfe; sie graben unterirdische Gänge, die nirgendwohin führen. Sind es nicht dieselben, die Jesus der Selbstverherrlichung bezichtigen, da Er zu der Menge sagte: »Ich bin der Weg und das Tor zum Heil«, ja mehr noch, sich als das Leben und die Auferstehung bezeichnete?

Aber Jesus beanspruchte damit nicht mehr und nicht weniger als der Monat Mai in seinem Zenit. Sollte Er etwa die strahlende Wahrheit nicht verkünden, weil sie so strahlend ist?

Er sagte mit Recht, dass Er der Weg, das Leben und die Auferstehung der Herzen ist, und ich bin ein Zeuge Seiner Wahrheit. Erinnert ihr euch nicht an mich, den Nikodemus, der an nichts glaubte außer an Gesetze und Verordnungen, deren Einhaltung ich sklavisch unterworfen war?

Doch schaut mich nun an: einen Mann, der mit dem Leben geht und der mit der Sonne lacht vom ersten Augenblick ihres Aufgangs über den Bergen an bis zu ihrem Untergang hinter den Hügeln.

Warum schreckt ihr zurück vor dem Wort »Erlösung«? Ich selbst fand durch Ihn meine Erlösung. Ich kümmere mich nicht mehr darum, was mir morgen zustoßen kann, denn ich weiß, dass Jesus meinen Schlaf erquickt und meine entfernten Träume zu Begleitern und Weggefährten für mich macht. Bin ich weniger Mensch, weil ich an einen größeren Menschen glaube? Die Schranken meines Fleisches fielen nieder, als der Poet Galiläas zu mir sprach; ein Geist ergriff mich und hob mich zu höchsten Höhen empor; hoch oben in den Lüften vereinte sich mein Flügelschlag mit den Melodien himmlischer Liebe.

Als ich aus den luftigen Höhen hinabstieg und im Ältestenrat meine Schwingen wieder beschnitten wurden, vernahmen noch meine gestutzten Schwingen diese Melodie und behielten sie. Und alle Dürftigkeit der Niederungen kann mich dieses Schatzes nicht mehr berauben.

Ich habe nun genug geredet. Mögen die Tauben das Summen des Lebens in ihren toten Ohren begraben. Ich begnüge mich mit dem Ton Seiner Lyra, die Er noch spielte, während Seine von Nägeln durchbohrten Hände bluteten.

Joseph von Arimathäa, zehn Jahre später

Es gab im Herzen des Nazaräers zwei Lebensströme: den Seiner Verwandtschaft mit Gott, den Er Vater nannte, und den der Ekstase, die Er als das

Königreich der überirdischen Welt bezeichnete. In meiner Einsamkeit dachte ich an Ihn und folgte den beiden Strömen Seines Herzens. An den Ufern des einen traf ich meine eigene Seele; manchmal war sie eine bettelnde Vagabundin und manchmal eine Prinzessin in ihrem Garten.

Dann folgte ich dem anderen Strom Seines Herzens. Unterwegs begegnete ich jemandem, den man angegriffen und seines Geldes beraubt hatte, und er lächelte. Später traf ich den Räuber, der ihn bestohlen hatte, und auf seinem Gesicht sah ich ungeweinte Tränen.

Dann hörte ich das Rauschen dieser beiden Ströme in meiner eigenen Brust, und ich freute mich darüber.

Als ich Jesus an dem Abend besuchte, bevor Pontius Pilatus und die Ältesten Ihn ergriffen, unterhielten wir uns lange. Ich stellte Ihm zahlreiche Fragen, und Er beantwortete sie alle mit der gleichen Geduld und Liebenswürdigkeit.

Als ich Ihn verließ, war ich überzeugt davon, dass Er der Herr und Meister unserer Erde ist.

Es ist schon lange her, dass diese Zeder abgeholzt wurde, aber ihr Wohlgeruch bleibt erhalten und wird sich für immer in die vier Himmelsrichtungen dieser Erde verströmen.

Georgus von Beirut

Einmal weilten Er und Seine Freunde in dem Pinienhain jenseits meiner Einzäunung, und Er sprach zu ihnen.

Ich stand an der Hecke und hörte zu. Ich wusste, wer Er war, denn Sein Ruf war ihm vorausgeeilt, bevor Er selber unsere Gegend erreichte.

Als Er zu sprechen aufhörte, trat ich zu Ihm und sagte: »Meister, komm mit diesen Männern, und gib mir und meinem Haus die Ehre!«

Er lächelte mich an und erwiderte: »Nicht heute, mein Freund, nicht heute!«

Seine Worte waren wohltuend wie ein Segen, und Seine Stimme umschloss mich wie ein warmer Mantel in einer kalten Nacht.

Dann wandte Er sich an Seine Freunde und sagte: »Seht einen Mann, der uns nicht für Fremde hält; obgleich er uns vor diesem Tag noch nie gesehen hat, lädt er uns ein, über die Schwelle seines Hauses zu treten.

Wahrlich, in meinem Königreich gibt es keine Fremden. Unser Leben ist das Leben aller. Es wurde uns gegeben, damit wir alle Menschen kennen lernen und, indem wir sie kennen, lieben. Die Taten aller Menschen sind auch unsere Taten, die verborgenen ebenso wie die sichtbaren.

Ich lege euch ans Herz, nicht abgekapselt zu leben, sondern gemeinsam, der Hausbesitzer und der Obdachlose, der Sämann und der Spatz, der das Samenkorn aufpickt, noch bevor die Erde es aufnimmt, der Spender, der aus Dankbarkeit gibt, und der Empfänger, der seine Gabe stolz und dankbar annimmt.
Die Schönheit des Tages besteht nicht allein in dem, was ihr seht, sondern auch darin, was die anderen sehen.
Deshalb habe ich euch erwählt unter den vielen, die mich erwählt haben.«
Dann wandte Er sich wieder an mich und sprach: »Alles, was ich sagte, gilt auch für dich, und du wirst dich daran erinnern!«
Ich wiederholte meine Bitte und sagte: »Meister, willst du nicht in mein Haus kommen?«
Doch Er erwiderte: »Ich kenne dein Herz, und ich habe dein größeres Haus besucht.«
Bevor Er sich mit Seinen Jüngern entfernte, sagte Er zu mir: »Gute Nacht, und möge dein Haus groß genug sein, um alle Wanderer in dieser Gegend zu beherbergen!«

Maria Magdalena

Sein Mund war wie das Herz eines Granatapfels, und die Schatten Seiner Augen waren tief.

Er war gelassen wie ein Mann, der sich seiner Kraft bewusst ist. In meinen Träumen sah ich die Könige der Erde ehrfurchtsvoll vor Ihm stehen.

Gerne würde ich Sein Gesicht beschreiben, aber wie könnte ich es? Es war wie die Nacht ohne ihre Dunkelheit und wie der Tag ohne seinen Lärm und seine Betriebsamkeit. Es war ein trauriges und heiteres Gesicht zugleich.

Ich erinnere mich daran, wie Er einmal Seine Hand zum Himmel erhob, so dass Seine gespreizten Finger den Zweigen einer Ulme glichen.

Ich sehe Ihn vor mir den Abend durchschreiten. Er lief nicht; Er selbst war wie ein Weg oberhalb des Weges und wie eine Wolke über der Erde, die sich neigt, um die Erde zu betauen.

Wenn ich vor Ihm stand und mit Ihm sprach, dann war Er ein Mann mit Seinem ausdrucksvollen, wissenden Gesicht, und Er fragte mich: »Was willst du, Miriam?«

Ich antwortete Ihm nicht, doch die Schwingen meines Herzens umschlossen und hüteten mein Geheimnis und mir wurde warm ums Herz. Da ich Sein Licht nicht länger ertrug, drehte ich mich um und entfernte mich; aber ich empfand keine Scham. Ich war nur scheu und wollte allein sein, um Seine Finger auf den Saiten meines Herzens zu fühlen.

Jotham von Nazareth zu einem Römer

Ebenso wie allen anderen Römern, mein Freund, liegt es dir näher, dir das Leben vorzustellen, als es zu leben.
Ihr beherrscht lieber andere Länder, als euch vom Geist beherrschen zu lassen. Ihr zieht es vor, andere Völker und Rassen zu erobern und von ihnen verflucht zu werden, als in Rom zu bleiben und geehrt und glücklich zu leben.
Euer Denken kreist um aufmarschierende Armeen und Kriegsschiffe, die zum Angriff vom Stapel gelassen werden.
Wie könntet ihr also Jesus von Nazareth verstehen, einen einfachen Menschen, der weder mit Armeen noch Schiffen anrückte, um ein Königreich in den Herzen zu errichten und ein Imperium in den freien Räumen der Seelen?
Wie könntet ihr diesen Menschen begreifen, der kein Krieger war und den lediglich die Kraft des mächtigen Äthers erfüllte?
Er war kein Gott, sondern ein Mensch wie wir alle,

und dennoch wuchs in Ihm die Myrrhe der Erde empor, um den Weihrauch des Himmels zu berühren, und in Seinen Worten erreichte unser Gestotter das Flüstern des Unsichtbaren; in Seiner Stimme vernahmen wir ein unergründliches Lied.

Ja, Jesus war ein Mensch und kein Gott; daraus resultiert unsere Verwunderung und unser Staunen.

Doch ihr, Römer, staunt nur über Götter, und kein Mensch kann euch überraschen. Deshalb versteht ihr auch den Nazaräer nicht.

Er gehörte der Jugend des Geistes an, während ihr seinem Alter zugehört.

Heute regiert ihr uns, doch warten wir einen Tag! Wer weiß, ob es nicht dieser Mann ohne Armeen und Kriegsschiffe sein wird, der morgen herrscht?

Wir, die wir dem Geist folgen, werden Blut schwitzen, während wir hinter Ihm hergehen. Rom aber wird wie ein bleiches Skelett in der Sonne liegen.

Wir werden viel Leid erdulden, doch wir werden leben, während Rom sich in Staub auflösen wird. Doch wenn das erniedrigte und gedemütigte Rom Seinen Namen anrufen wird, wird Er seinen Knochen neues Leben einhauchen, so dass es sich wieder erhebt als eine Stadt unter den Städten der Erde. Und dies wird Er ohne Legionen vollbringen und ohne Sklaven, die Seine Galeeren rudern, sondern aus eigener Kraft.

Ephraim von Jericho

Als Er wieder einmal nach Jericho kam, suchte ich Ihn auf und sagte zu Ihm:
»Meister, morgen wird mein Sohn heiraten. Ich bitte dich, sei unser Gast, und beehre unser Haus durch deine Gegenwart, so wie du es bei der Hochzeit zu Kana in Galiläa tatest.«
Er entgegnete: »Es ist wahr, dass ich auf der Hochzeit zu Kana war. Aber jetzt werde ich kein Gast mehr auf Hochzeiten sein, denn nun bin ich selber der Bräutigam.«
Ich bestand auf meiner Einladung und sagte:
»Meister, ich bitte dich, komm zum Hochzeitsfest meines Sohnes!«
Er lächelte, und mit einem Anflug von Vorwurf in Seiner Stimme sagte Er: »Warum legst du so viel Wert auf mein Kommen? Hast du etwa nicht genug Wein?«
Ich erwiderte: »Meine Krüge sind voll, Meister. Aber ich bitte dich, meiner Einladung zu folgen.«
Darauf sagte Er: »Wer weiß, vielleicht komme ich. Gewiss komme ich, wenn dein Herz ein Altar in deinem Tempel ist.«
Am nächsten Tag wurde mein Sohn getraut, doch Jesus erschien nicht zur Hochzeit. Obgleich wir zahlreiche Gäste hatten, kam es mir vor, als sei niemand

gekommen. Ja, nicht einmal ich selbst, der die Gäste empfing, war wirklich anwesend.
Vielleicht war mein Herz kein Altar, als ich Ihn einlud? Vielleicht hatte ich tatsächlich nur den Wunsch gehabt, ein neues Wunder zu erleben?

Barka, ein Kaufmann aus Tyros

Ich glaube, dass weder die Römer noch die Juden Jesus von Nazareth verstanden, nicht einmal Seine Jünger, die jetzt Seinen Namen predigen, verstanden Ihn wirklich.
Die Römer töteten Ihn, und das war ein Fehler. Die Galiläer wollen einen Gott aus Ihm machen, und das ist ein Irrtum.
Jesus kam aus dem Herzen der Menschen.
Ich habe mit meinen Schiffen die sieben Weltmeere bereist. Auf den Marktplätzen entfernter Städte trieb ich Handel mit Königen und Prinzen ebenso wie mit Betrügern und Schwindlern. Doch niemals bin ich einem Mann begegnet, der die Kaufleute so gut verstand wie Er.
Einmal hörte ich Ihn dieses Gleichnis erzählen. Ein Kaufmann wollte in ein fremdes Land reisen. Er gab jedem seiner beiden Diener eine Hand voll Gold und sagte zu ihnen: Sobald ich auf Reisen bin, brecht auch

ihr auf und nutzt die Gelegenheit, um Gewinn zu erzielen! Macht redliche Geschäfte, und seht zu, dass ihr durch Nehmen und Geben einander dient.

Nach einem Jahr kehrte der Kaufmann zurück. Er ließ die beiden Diener kommen und fragte sie, was sie mit seinem Gold gemacht hätten.

Der eine Diener sagte: Schau, Meister, ich habe gekauft und verkauft und dabei diese Gewinne erzielt.

Der Kaufmann antwortete: Der Gewinn soll dir gehören, denn du hast recht gehandelt, und du warst mir und dir selbst gegenüber zuverlässig.

Dann näherte sich der andere Diener und sagte: Meister, ich hatte Angst, dein Gold zu verlieren. Deshalb habe ich weder gekauft noch verkauft. Sieh, dein Gold befindet sich unangetastet in diesem Geldbeutel.

Der Kaufmann nahm das Gold und sagte: Wie kleingläubig du doch bist! Handeln und verlieren ist besser, als nichts zu unternehmen. Denn so wie der Wind die Saat zerstreut und auf Früchte wartet, so müssen alle Kaufleute handeln. Für dich ist es besser, in Zukunft für andere zu arbeiten und ihnen zu dienen. Indem Jesus so sprach, enthüllte Er das ganze Geheimnis des Handels, obgleich Er selbst kein Kaufmann war.

Übrigens, Seine Gleichnisse führten mir Länder vor Augen, die entfernter waren als die entferntesten, die ich je bereist hatte, und dennoch waren sie mir näher als mein Haus und meine Waren.

Aber der junge Nazaräer war kein Gott; und es ist schade, dass Seine Jünger versuchen, aus einem Weisen einen Gott zu machen.

Pumia, die Hohepriesterin von Sidon zu anderen Priesterinnen

Nehmt eure Harfen und begleitet meinen Gesang,
zupft die goldenen und silbernen Saiten!
Ich will den furchtlosen Helden besingen,
der den Drachen des Tales tötete
und dann voll Mitleid auf das Tier am Boden blickte,
das Er besiegt hatte.

Nehmt eure Harfen und huldigt mit mir
der mächtigen Eiche auf dem Bergesgipfel,
dem Mann, dessen Herz ein Himmel ist
und dessen Hand ein Meer,
der die bleichen Lippen des Todes küsste
und nun auf den Lippen des Lebens erscheint.

Nehmt eure Harfen und preist mit mir
den kühnen Jäger im Gebirge,
der das Raubtier anvisierte

und es mit Seinem unsichtbaren Pfeil traf,
so dass Hörner und Hauer zu Boden fielen.

Nehmt eure Harfen und rühmt mit mir
den heldenhaften Jüngling,
der die Bergdörfer eroberte
sowie die Dörfer in den Tälern,
die sich wie Schlangen im Sand einrollen.
Nicht gegen Zwerge trat Er an, sondern gegen Götter,
die nach unserem Fleisch hungerten
und nach unserem Blut dürsteten.

Wie der erste goldene Falke
maß Er sich nur mit Adlern im Wettstreit,
denn mit Seinen gewaltigen, prächtigen Schwingen
wollte Er Schwächere nicht ausstechen.

Nehmt eure Harfen und singt mit mir
das ewige Lied des Meeres und der Klippen,
denn die Götter sind tot.
Unbeweglich liegen sie
auf einer vergessenen Insel
im vergessenen Meer,
und der sie tötete,
sitzt auf Seinem Thron.

Er war noch ein Jüngling
in Seinem Frühling,
Sein Bart war flaumig,
und Er hatte Seinen Sommer noch nicht
die Felder bestellen sehen.

Nehmt eure Harfen und verherrlicht mit mir
den Sturm im Walde,
der die trockenen Zweige bricht,
der die lebendigen Wurzeln dazu treibt,
tiefer in den Schoß der Erde einzudringen.

Nehmt eure Harfen und spielt mit mir
das unsterbliche Lied unseres Geliebten!
Doch nein, ihr Jungfrauen,
haltet inne mit dem Spiel eurer Hände
und legt eure Harfen beiseite!
Es ist jetzt nicht die Zeit, Ihm aufzuspielen,
denn das ohnmächtige Geflüster unseres Gesangs
wird weder Seinen Sturm erreichen
noch Sein majestätisches Schweigen durchdringen.

Legt eure Harfen beiseite
und schart euch um mich!
Ich will Seine Worte wiederholen
und euch von Seinen Taten berichten,
denn das Echo Seiner Stimme
ist tiefer als unsere Passion.

Benjamin, der Schriftgelehrte

Man hat gesagt, Jesus sei ein Feind Roms und Judäas gewesen. Ich aber sage, dass Jesus weder der Feind eines einzelnen Menschen noch irgendeiner Rasse war.
Ich habe Ihn sagen hören: »Die Vögel des Himmels und die Gipfel der Berge kümmern sich nicht um die Schlangen in ihren finsteren Höhlen.
Lasst die Toten ihre Toten begraben! Ihr aber weilt unter den Lebendigen und schwingt euch auf zu höheren Höhen!«
Ich selbst war nicht Sein Jünger. Ich war nur einer der vielen, die Ihm folgten, denn ich freute mich daran, Sein Gesicht anzuschauen.
Er blickte auf Rom und auf uns, die wir Sklaven Roms sind, wie ein Vater auf seine Kinder schaut, die mit ihrem Spielzeug spielen und sich um das größere untereinander streiten. Und aus Seinen Höhen sah Er lächelnd auf uns hinab.
Er war größer als Staat und Volk. Er war größer als die Revolution. Er war einmalig und allein, und Er war ein Erwachen. Er weinte all unsere unvergossenen Tränen und lachte all unsere Rebellionen.
Wir wussten, dass es in Seiner Macht lag, mit allen noch Ungeborenen zur Welt zu kommen und sie

sehend zu machen – nicht mit ihren Augen, sondern mit den Seinen.

Jesus war der Beginn eines neuen Königtums auf dieser Erde, und Sein Königreich wird überdauern.

Er war der Sohn und Enkel aller Könige, die das Königreich des Geistes errichten.

Und nur die Könige des Geistes haben unsere Welt tatsächlich regiert.

Zachäus

Ihr glaubt das, was man euch sagt. Glaubt vielmehr dem Unausgesprochenen, denn das Schweigen der Menschen kommt der Wahrheit näher als ihre Worte.

Ihr wollt wissen, ob Jesus Seinem demütigenden Tod hätte entrinnen können und ob Er die Möglichkeit gehabt hätte, Seine Jünger vor Verfolgungen zu verschonen.

Ich meine, Er hätte ihm entrinnen können, wenn Er es gewollt hätte, aber Er suchte weder für sich selbst Sicherheit, noch war Er darauf bedacht, Seine Herde vor den Wölfen der Nacht zu schützen.

Er kannte Sein Schicksal und auch das zukünftige Geschick Seiner treuen Freunde. Er sah voraus und prophezeite, was mit jedem von uns geschehen wird.

Es war nicht so, als ob Er Seinen Tod suchte, aber Er

akzeptierte ihn wie ein Landwirt, der das Samenkorn der Erde anvertraut und den Winter akzeptiert, bevor der Frühling kommt und die Zeit der Ernte, oder wie ein Baumeister, der den größten Stein ins Fundament legt.

Wir waren Männer von Galiläa und von den Abhängen des Libanon. Unser Meister hätte mit uns in unser Land kommen können, um Seine Jugend in unseren Gärten zu verbringen bis in die Tage des Alters, das uns ins Meer der Jahre lotst.

Was hätte Ihn daran hindern können, in die Tempel unserer Dörfer einzutreten, wo andere die Propheten lasen, die ihre Herzen öffneten?

Oder Er hätte sagen können: »Nun wende ich mich mit dem Westwind gen Osten!« Auf diese Weise hätte Er uns entlassen können mit einem Lächeln auf Seinen Lippen.

Ja, Er hätte sagen können: »Kehrt zurück zu euren Familien und Verwandten! Die Welt ist für mich noch nicht bereit. Ich werde in tausend Jahren wiederkommen. Lehrt eure Kinder unterdessen, meine Rückkehr zu erwarten.«

Er hätte dies tun können, wenn Er es gewollt hätte.

Aber Er wusste, um den unsichtbaren Tempel zu bauen, musste Er selber als Eckstein herhalten und uns als kleine Kieselsteine um sich herum zementieren.

Er wusste, dass der Saft Seines Himmelsbaumes aus Seinen Wurzeln strömen musste, und so begoss Er sie mit Seinem Blut. Für Ihn war das kein Opfer, sondern Gewinn.

Der Tod ist es, der alle demaskiert und entschleiert.

Der Tod Jesu offenbarte Sein Leben.

Wäre Er euch und Seinen Feinden entgangen, so wärt ihr die Eroberer der Welt geworden. Um dies zu vermeiden, ging Er euch und ihnen nicht aus dem Weg.

Nur derjenige, der alles verlangt, gibt alles hin.

Ja, Jesus hätte Seinen Feinden entkommen können und bis ins vorgerückte Alter in Ruhe und Frieden leben können. Doch Er kannte das flüchtige Dahinschwinden der Jahreszeiten, und Er wollte Sein Lied singen.

Wer würde es nicht vorziehen, wenn er einer bewaffneten Welt gegenüberstünde, für einen Augenblick besiegt zu werden, um dadurch Jahrhunderte zu erobern?

Und nun wollt ihr wissen, wer Jesus in Wahrheit tötete, die Römer oder die Priester von Jerusalem. Weder die Römer noch die Priester töteten Ihn. Die ganze Welt umstand Ihn, um Ihn auf diesem Hügel zu ehren.

Jonathan

Eines Tages ruderten meine Geliebte und ich auf dem Süßwassersee, und die Hügel und Berge des Libanon umgaben uns von allen Seiten.
Wir ruderten in der Nähe der Trauerweiden, die sich im Wasser spiegelten. Während ich das Boot mit einem Ruder steuerte, nahm meine Geliebte ihre Laute und begann zu singen:

Welche Blume außer dem Lotos
kennt Wasser und Sonne zugleich?
Welches Herz – wenn nicht das Herz des Lotos –
ist mit Erde und Himmel gleichermaßen vertraut?

Betrachte die goldene Blume, Geliebter,
die zwischen Tiefen und Höhen dahingleitet
unserer Liebe gleich,
die zwischen zwei Ewigkeiten schwebt,
da sie von Anfang an war
und für immer sein wird.

Tauche dein Ruder ins Wasser, Geliebter,
während ich die Saiten meiner Laute zupfe!
Folgen wir den Trauerweiden,
ohne uns von den Wasserlilien zu entfernen!

In Nazareth lebt ein Dichter,
dessen Herz wie der Lotos ist.
Er kennt die Seele der Frau und ihren Durst,
den kein Wasser löscht,
und ihren Hunger nach der Sonne,
den keine Nahrung stillt.

Er soll sich in Galiläa aufhalten;
ich aber glaube, dass Er mit uns rudert.
Siehst du nicht Sein Gesicht dort im See,
wo sich die Zweige der Trauerweide
mit ihrem Spiegelbild im Wasser treffen.
Er gleitet mit uns über den See.

Wie gut ist es, Geliebter,
die Jugend des Lebens zu kennen
und ihre singende Freude zu erfahren!
Mögest du immer dein Ruder halten
und ich die Saiten meiner Laute erklingen lassen,
während der Lotos in der Sonne lacht,
die Trauerweide sich im Wasser spiegelt
und Seine Stimme von den Saiten der Laute ertönt.

Tauche dein Ruder ins Wasser, Geliebter,
und lass mich auf der Laute spielen.
Es gibt einen Dichter in Nazareth,
der uns beide kennt und liebt.

Tauche dein Ruder ins Wasser, Geliebter,
und lass mich auf den Saiten der Laute spielen!

Anna von Bethsaida im Jahre 73

Die Schwester meines Vaters hatte uns in ihrer Jugend verlassen und war in eine Hütte gezogen, die am Rande der ehemaligen Weingärten ihres Vaters lag.

Dort lebte sie alleine. Die Landleute aus der Umgebung suchten sie bei Krankheiten auf, und sie heilte sie mit grünen Kräutern, mit Wurzeln und Blumen, die sie in der Sonne getrocknet hatte. Sie galt allgemein als eine Seherin, aber es gab auch Leute, die sie für eine Hexe oder eine Zauberin hielten.

Eines Tages sagte mein Vater zu mir: »Bring meiner Schwester diese Weizenbrote, den Krug Wein und den Korb Trauben!«

Alles wurde auf den Rücken eines Fohlens geladen, und ich machte mich auf den Weg zu meiner Tante, die sich über mein Kommen freute.

Als wir am Spätnachmittag – die Kühle des ausklingenden Tages genießend – draußen saßen, kam ein Mann an der Hütte vorbei. Er grüßte die Schwester meines Vaters und sagte: »Einen schönen Abend, und der Segen der Nacht sei mit dir!«

Da stand meine Tante auf, blieb ehrfürchtig vor Ihm stehen und erwiderte: »Einen schönen Abend, Meister aller guten Geister und Besieger aller Dämonen!«
Der Mann lächelte sie an und ging Seines Weges.
Ich lachte insgeheim, denn ich glaubte, dass die Schwester meines Vaters spinnig und wunderlich sei. Nun aber weiß ich, dass sie nicht närrisch war, sondern dass ich es war, die nichts verstanden hatte.
Ihr war mein unterdrücktes Lachen nicht verborgen geblieben. Ohne eine Spur von Unwillen sagte sie zu mir: »Hör gut zu, meine Tochter, achte auf mein Wort und bewahre es in deinem Gedächtnis! Dieser Mann, der gerade vorüberging wie der Schatten eines Vogels, der zwischen Himmel und Erde dahinfliegt, wird den Sieg über Kaiser und Kaiserreiche davontragen. Er wird mit dem gekrönten Stier Chaldäas kämpfen ebenso wie mit dem Menschenkopf tragenden Löwen Ägyptens. Er wird sie alle besiegen und die Welt beherrschen. Diese Erde aber, auf der Er jetzt schreitet, wird sich in nichts auflösen, und Jerusalem, das voller Stolz auf den Hügeln thront, wird in Rauch aufsteigen und mit dem Winde verwehen.«
Bei diesen Worten verwandelte sich mein Lachen in Sprachlosigkeit, und ich schwieg. Dann fragte ich sie: »Wer ist dieser Mann, aus welchem Land kommt Er und aus welchem Stamm? Und wie wird Er die großen Könige und ihre Königreiche besiegen?«

Sie antwortete: »Er ist in diesem Land geboren, aber unsere Sehnsucht erwartete Ihn seit Anbeginn der Zeiten. Er kommt aus allen Stämmen und dennoch aus keinem. Er wird siegen durch das Wort Seines Mundes und durch die Flamme Seines Geistes.«

Auf einmal erhob sie sich, und während sie aufrecht stand wie ein Felsen, sagte sie: »Möge der Engel des Herrn mir verzeihen, wenn ich auch diese Worte noch ausspreche: Man wird Ihn töten und Seine Jugend wird in ein Leichentuch gehüllt werden. Schweigend wird man Ihn neben das Herz der Erde legen, und die Jungfrauen Judäas werden Ihn beweinen.«

Indem sie ihre Hand zum Himmel erhob, fuhr sie fort: »Doch nur Sein Körper wird getötet werden. Sein Geist wird aufsteigen und Sein Heer anführen auf dem Weg von dieser Erde, wo die Sonne geboren wird zu jenem Land, in das die Sonne bei ihrem Untergang versinkt. Und Sein Name wird der Erste sein unter den Menschen.«

Meine Tante war eine betagte Seherin, als sie mir all diese Dinge sagte, und ich war erst ein junges Mädchen, ein ungepflügter Acker, ein einzelner Stein, der noch nicht in eine Mauer gefügt worden war.

Aber alles, was sie im Spiegel ihres Geistes sah, ereignete sich zu meinen Lebzeiten.

Jesus von Nazareth ist von den Toten auferstanden,

und Er führte Männer und Frauen zu dem Land des Sonnenuntergangs. Die Stadt, die Ihm den Prozess machte, fiel der Zerstörung anheim, und in der Gerichtshalle, wo Er verhört und verurteilt wurde, heulen jetzt die Eulen Klagelieder, während die Nacht den Tau ihres Herzens auf den zertrümmerten Marmor weint.

Ich bin inzwischen eine alte Frau geworden, und die Jahre haben mich gebeugt. Meine Familie ist ausgestorben, und meine Rasse wurde ausgelöscht.

Nur noch einmal habe ich Ihn nach dieser Begegnung bei der Schwester meines Vaters wiedergesehen, und einmal noch hörte ich Seine Stimme. Es war auf dem Gipfel eines Hügels, wo Er zu Seinen Freunden und Jüngern sprach.

Und nun bin ich alt und einsam, doch Er sucht mich oft in meinen Träumen auf.

Dann erscheint Er mir wie ein weißer, beflügelter Engel, der mit Seiner Sanftmut meine Furcht vor der Dunkelheit besänftigt und mich zu entfernten Träumen emporhebt.

Ich bin immer noch ein ungepflügter Acker, eine reife Frucht, die nicht fallen will. Alles, was ich besitze, ist die Wärme der Sonne und die Erinnerung an diesen Mann.

Ich weiß, dass aus dem Schoße meines Volkes weder Könige, Propheten noch Priester hervorgehen werden, wie es die Schwester meines Vaters prophezeite.

Wir werden vergehen im Fluss der Zeit, und wir werden namenlos sein. Diejenigen aber, die Ihn im Strom ihres Lebens kreuzten, werden im Gedächtnis der Menschen weiterleben, weil sie in ihrem flüchtigen Leben Ihm begegneten.

Manesse, ein Rechtsanwalt in Jerusalem

Es ist wahr, ich pflegte mir Seine Reden anzuhören, denn Er hatte immer ein treffendes Wort auf den Lippen. Doch meine Bewunderung galt dem Menschen mehr als dem Führer.

In Seinen Predigten gab es etwas, das meinen Geschmack und möglicherweise auch meinen Verstand überstieg. Und außerdem dulde ich es nicht, dass jemand mir predigt.

Was mich beeindruckte, waren Seine Stimme und Seine Gesten, nicht der Inhalt Seiner Reden. Er faszinierte mich, ohne mich zu überzeugen, denn Er blieb zu verschwommen, zurückhaltend und ungenau, um meine Vernunft zu erreichen.

Ich kenne andere Männer wie Ihn. Sie sind weder beständig noch konsequent. Durch ihre Beredtsamkeit und nicht durch ihre Prinzipien fesseln sie dein Ohr und deine flüchtigen Gedanken, aber den Kern deines Herzens vermögen sie nicht zu erreichen.

Es ist bedauerlich, dass Seine Feinde Ihn bekämpften und auf diese Weise Sein Ende beschleunigten. Das wäre nicht nötig gewesen, denn ihre Feindschaft kommt Ihm nur zugute, indem sie Sein Ansehen vermehrt und Seine Sanftmut in Macht verwandelt.

Ist es nicht merkwürdig, dass ihr einen Menschen ermutigt, wenn ihr ihm entgegentretet? Und indem ihr seine Schritte hemmt, lasst ihr ihm Flügel wachsen.

Ich kenne Seine Feinde nicht. Ich bin aber sicher, dass sie Ihm in ihrer Furcht vor einem in Wirklichkeit harmlosen Menschen Kraft verliehen haben und Ihn gefährlich machten.

Jephta von Cäsarea

Gegen diesen Mann, der eure Tage füllt und euch in euren Nächten aufsucht, empfinde ich nichts als Abneigung. Dennoch plagt ihr meine Ohren mit Seinen Worten und meinen Geist mit Seinen Taten. Ich bin Seiner Worte und Taten überdrüssig. Schon Sein Name und der Name Seiner Region beleidigen mich. Ich will nichts von Ihm wissen.

Warum macht ihr einen Propheten aus einem Menschen, der nichts als ein Schatten war? Warum erblickt ihr einen Turm da, wo es lediglich eine Sanddüne gibt, und warum seht ihr die Regentropfen, die sich in dieser Fußspur sammeln, als einen See an?

Es ist nicht so, als würde ich Dinge gering schätzen wie das Echo der Höhlen in den Tälern oder die langen Schatten des Sonnenuntergangs. Aber ich will weder den in euren Köpfen summenden Schwindeleien ein Ohr leihen noch ihren Widerschein in euren Augen erblicken.

Welche Worte sprach Jesus, die nicht Halliel schon lange vor Ihm verkündete? Welche Weisheit offenbarte Er, die nicht von Gamaliel stammte? Was ist Sein Stottern im Vergleich zu der Stimme Philons? Welche Zimbeln schlug Er an, die nicht schon vor Ihm erklangen?

Ich lausche dem Echo der Höhlen in der Stille der Täler, und ich betrachte die langen Schatten des Sonnenuntergangs, aber ich dulde nicht, dass das Herz dieses Mannes nachbetet, was andere vor Ihm verkündeten, und ich lasse nicht zu, dass der Schatten eines Sehers sich als Prophet bezeichnet.

Welcher Mensch hat das Recht zu sprechen, nachdem Jesaja gesprochen hat? Wer wagt nach David noch zu singen? Und kann die Weisheit noch einmal zur Welt kommen, nachdem Salomo Seinen Vätern gefolgt ist?

Was ist mit unseren Propheten, deren Zungen

Schwerter und deren Lippen Flammen waren? Ließen sie etwa noch einen Strohhalm zurück für diesen Ährenleser aus Galiläa? Oder eine gefallene Frucht für den Habenichts aus dem Norden? Es blieb nichts für Ihn übrig, als das Brot zu brechen, das unsere Vorfahren gebacken hatten, und den Wein einzugießen, den ihre heiligen Füße gekeltert hatten aus den Reben der Vergangenheit.

Was mich betrifft, so ehre ich des Töpfers Hand und nicht den Mann, der die Ware kauft. Ich ehre diejenigen, die am Webstuhl sitzen, um ein Gewebe zu verfertigen, und nicht denjenigen, der es trägt.

Wer war dieser Jesus von Nazareth und was ist Er? Ein Mann, der es nicht wagte, Seine Ideen zu leben. Deshalb geriet Er in Vergessenheit, und das ist Sein Ende.

Ich bitte euch, behelligt meine Ohren nicht mehr mit Seinen Worten und Taten. Mein Herz ist erfüllt von den Propheten der Vergangenheit, und das genügt mir.

Johannes, der geliebte Jünger in seinem Alter

Ihr möchtet, dass ich euch über Jesus berichte. Doch wie könnte ich das Passionslied der Welt in ein hohles Rohr bannen?

In jedem Augenblick des Tages gedachte Jesus Seines Vaters. Er sah Ihn in den Wolken und den Schatten der Wolken, die über der Erde schweben. Er sah des Vaters Antlitz sich in den stillen Teichen spiegeln und Er entdeckte Seine Fußspuren im Sand; oftmals schloss Er Seine Augen, um in Seine heiligen Augen zu blicken.

Die Nacht sprach zu Ihm mit der Stimme des Vaters; in der Einsamkeit hörte Er den Engel des Herrn Ihn rufen. Und wenn Er schlief, vernahm Er das Flüstern des Himmels in Seinen Träumen.

Oft war Er glücklich in unserer Gesellschaft und nannte uns Seine Brüder.

Stellt euch vor, Er, das erste Wort, nannte uns Brüder, obgleich wir nur Silben waren, die gestern gestammelt wurden.

Ihr wollt wissen, warum ich Ihn das erste Wort nenne? Hört zu, ich will es euch sagen: Am Anfang bewegte sich Gott im Raum, und aus Seinen unermesslichen Bewegungen entstand die Erde, aus der die Jahreszeiten geboren wurden.

Gott bewegte sich wieder, und das Leben strömte aus Ihm hervor. Und der Lebenswille erforschte seine Höhen und Tiefen und begehrte mehr Leben.

Dann sprach Gott, und Seine Worte waren der Mensch, und der Mensch war Geist, gezeugt von Gottes Geist.

Als Gott sprach, war Christus Sein erstes Wort, und dieses Wort war vollkommen. Bei der Geburt Jesu von Nazareth wurde dieses erste Wort an uns Menschen gerichtet, und Sein Klang wurde Fleisch und Blut.

Jesus, der Gesalbte des Herrn, war das erste Wort Gottes, das sich an die Menschen richtete, es war wie ein Apfelbaum im Obstgarten, der einen Tag früher blüht und Knospen treibt als alle anderen Apfelbäume, und in Gottes Garten entsprach dieser Tag einem Äon.

Wir alle sind Söhne und Töchter des Allerhöchsten, aber der Gesalbte war Sein Erstgeborener, den Jesus von Nazareth verkörperte; Er nahm Seinen Leib an, um unter uns zu wohnen.

Ich sage euch all dies, damit ihr nicht nur mit dem Verstande, sondern mit eurem Geist versteht. Der Verstand wägt und misst, aber der Geist ist es, der das Herz des Lebens erreicht und sein Geheimnis in sich aufnimmt. Und die Saat des Geistes ist unsterblich.

Der Wind mag sich erheben und wieder legen, die See mag ansteigen und abebben, doch das Herz des Lebens ist ein beständiger, heiterer Bereich. Der Stern, der darin aufstrahlt, wird für alle Zeiten leuchten und in Ewigkeit nicht untergehen.

Mannus aus Pompeji zu einem Griechen

Die Juden ertragen es ebenso wenig wie die Phönizier und Araber, dass ihre Götter sich einen Augenblick auf den Schwingen des Windes ausruhen. Sie schenken ihnen zu viel Aufmerksamkeit und wachen zu streng darüber, dass Gebet, Gottesdienst und Opfer von allen eingehalten werden.

Während wir Römer unseren Göttern Marmortempel errichten, diskutieren sie über die Natur ihrer Götter. Sind wir in Ekstase, singen wir und umtanzen die Altäre von Jupiter und Juno, von Mars und Venus.

Wenn sie dagegen in Verzückung geraten, tragen sie Kleider aus Sackleinen, bedecken ihre Häupter mit Asche und beklagen den Tag, der sie zur Welt brachte.

Jesus, den Mann, der Gott als Wesen der Freude verkündete, folterten und töteten sie.

Diese Menschen werden nicht glücklich mit einem glücklichen Gott. Sie kennen nur die Götter ihrer Leiden.

Selbst die Freunde und Jünger Jesu, die Seine Heiterkeit und Fröhlichkeit kennen gelernt und Sein Lachen gehört hatten, stellen Ihn dar in einem Bild der Trübsal und des Leidens, und sie verehren dieses Bild. In ihrer Verehrung erheben sie sich nicht zu den

Sphären ihrer Götter, vielmehr zerren sie die Götter auf ihre Ebene hinunter.

Dennoch bin ich der Meinung, dass dieser Philosoph Jesus, der Sokrates übrigens nicht unähnlich war, Einfluss auf Seine Rasse und andere Rassen ausüben wird. Wir sind nämlich alle Geschöpfe, die zur Traurigkeit und Besorgnis neigen. Wenn jemand sagt: »Lasst uns mit den Göttern fröhlich sein!«, so sollten wir seiner Stimme Gehör schenken. Umso merkwürdiger ist es, dass man die Leiden dieses Mannes ritualisiert und sie zum Objekt der Verehrung macht. Diese Menschen sahen in Ihm wohl einen zweiten Adonis, den Gott, der im Wald getötet wurde. Wie schade, dass sie nicht mehr Augenmerk auf Sein Lachen richteten!

Doch lasst einen Römer einem Griechen ruhig eingestehen: Hören wir selbst denn das Lachen Sokrates' in den Straßen Athens? Wird es uns jemals gelingen, den Schierlingstrank zu vergessen, auch im Theater des Dionysos?

Pflegen unsere Väter nicht immer noch die Gewohnheit, an einer Straßenecke zusammenzustehen, um sich mit Bekannten über ihre Beschwerden zu unterhalten? Sie verschaffen sich einen Augenblick der Befriedigung, indem sie des traurigen Endes aller großen Persönlichkeiten gedenken.

Pontius Pilatus

Meine Frau hatte häufig von Ihm gesprochen, bevor Er mir vorgeführt wurde, aber ich hatte ihren Worten keine besondere Aufmerksamkeit geschenkt.

Meine Frau ist nämlich eine Schwärmerin, und wie viele römische Frauen ihres Ranges begeistert sie sich für die orientalischen Kulte und Riten. Dies ist gefährlich für das Reich, denn wenn jene Kulte einen Weg in die Herzen unserer Frauen finden, wirken sie zersetzend und zerstörend.

Mit Ägypten war es beispielsweise zu Ende, als die Hyksos aus Arabien den alleinigen Gott ihrer Wüste dort einführten. Griechenland wurde besiegt und zerfiel in Staub und Bedeutungslosigkeit, als der Kult Astartes und ihrer sieben Jungfrauen von den Küsten Syriens an die griechischen Küsten gelangte.

Was Jesus betrifft, so hatte ich Ihn nie gesehen, bevor Er mir als Missetäter überantwortet wurde, als ein Feind Seiner eigenen Nation und Roms.

Man führte Ihn mit gefesselten Händen in die Gerichtshalle, und ich saß vorne auf einem erhöhten Sitz. Er näherte sich mit festen Schritten, dann stand Er aufrecht und erhobenen Hauptes vor mir.

Bis jetzt kann ich nicht begreifen, was in diesem Augenblick in mir vorging, denn ich verspürte plötzlich den Wunsch – wenn auch nicht den Willen – aufzustehen, vom Podium hinabzusteigen und vor Ihm niederzufallen.

Es war mir, als hätte Cäsar die Halle betreten oder ein Mensch, der noch größer ist als Rom.

Diese Reaktion dauerte einen Augenblick. Dann sah ich nur noch einen Mann vor mir, den Sein eigenes Volk des Verrats beschuldigte, und ich war Sein Gebieter und Sein Richter.

Ich begann, Ihn zu verhören, aber Er antwortete nicht. Er sah mich nur an, und in Seinem Blick lag Mitleid, als ob Er mein Gebieter und mein Richter sei.

Da erhob sich von draußen das Geschrei des Volkes, während Er schwieg und mich weiterhin voll Mitleid ansah.

Ich ging hinaus und zeigte mich auf den Stufen des Palastes. Als das Volk mich sah, hörten sie auf zu schreien, und ich fragte sie: »Was wollt ihr, das mit diesem Mann geschehe?«

Sie riefen wie aus einer Kehle: »Wir wollen Ihn kreuzigen! Er ist unser Feind und der Feind Roms.« Einige begannen zu rufen: »Hat Er nicht gesagt, dass Er den Tempel zerstören will? Und wollte Er sich nicht zu unserem König machen? Wir haben keinen König außer Cäsar.«

Ich verließ sie und kehrte in die Gerichtshalle zurück. Er stand dort alleine, und Sein Kopf war immer noch erhoben. Da erinnerte ich mich, bei einem griechischen Philosophen gelesen zu haben: »Der einsame Mensch ist der Stärkste von allen.« Und in diesem Moment war der Nazaräer größer als Seine Rasse. Ich schonte Ihn nicht, denn Er befand sich jenseits meiner Nachsicht.

Ich fragte Ihn: »Bist du der König der Juden?« Aber ich erhielt keine Antwort von Ihm. Ich fragte noch einmal: »Hast du nicht gesagt, dass du der König der Juden bist?«

Da schaute Er mich an und antwortete mit ruhiger Stimme: »Du selbst hast mich als König anerkannt! Vielleicht bin ich dazu geboren und in die Welt gekommen, um für die Wahrheit Zeugnis abzulegen.« Stellt euch einen Mann vor, der in diesem Augenblick von der Wahrheit spricht!

In meiner Ungeduld erwiderte ich mit lauter Stimme, und meine Frage war ebenso sehr an mich selbst wie an Ihn gerichtet: »Was ist Wahrheit? Und was bedeutet sie dem Unschuldigen, wenn die Hand des Henkers bereits auf Ihm liegt?«

Da entgegnete Jesus mit Entschiedenheit: »Niemand wird die Welt regieren außer im Geist und in der Wahrheit!«

Ich fragte: »Bist du aus dem Geist?«

Er antwortete: »Ebenso wie du, obgleich du dir dessen nicht bewusst bist.«

Welche Bedeutung haben eigentlich Geist und Wahrheit, wenn ich um der Staatsräson willen und aus Respekt den alten überlieferten Riten gegenüber einen Unschuldigen dem Tode auslieferte?

Kein Mensch, keine Rasse und kein Reich werden sich auf dem Weg zu ihrer Selbstverwirklichung von einer Wahrheit aufhalten lassen.

Ich fragte Ihn noch einmal: »Bist du der König der Juden?«

»Du selbst sagst es«, entgegnete Er, »ich habe die Welt vor dieser Stunde erobert.«

Diese Worte waren unziemlich, denn Rom allein hatte die Welt erobert. Nun erhoben sich wieder die Stimmen des Volkes, und der Tumult war lauter als zuvor.

Ich erhob mich von meinem Sitz und sagte zu Ihm: »Folge mir!« Wieder erschien ich auf den Stufen des Palastes, und Er stand neben mir.

Als das Volk Ihn sah, tobte es wie dröhnender Donner. Und aus all dem Lärm und Geschrei vernahm ich nichts anderes als die Worte: »Kreuzige Ihn! Kreuzige Ihn!«

Da übergab ich Ihn den Priestern, die Ihn mir ausgeliefert hatten, und forderte sie auf: »Macht mit diesem Gerechten, was ihr wollt! Und wenn ihr es wünscht, nehmt römische Soldaten, um Ihn zu bewachen!«

Sie nahmen Ihn und führten Ihn ab. Ich ordnete noch an, dass man auf dem Kreuz über Seinem Kopf folgende Inschrift anbringen sollte: »Jesus von Nazareth, König der Juden«. Ich hätte stattdessen schreiben lassen sollen: »Jesus von Nazareth, ein König«.

Und dieser Mann wurde entblößt, gegeißelt und gekreuzigt.

Es hätte in meiner Macht gestanden, Ihn zu retten, aber Seine Rettung hätte eine Revolution verursacht, und es ist ein Gebot der Klugheit – insbesondere für Gouverneure römischer Provinzen –, die religiösen Skrupel einer eroberten Rasse zu respektieren.

Ich glaube immer noch, dass dieser Mann mehr war als ein Rebell. Was ich anordnete, entsprach nicht meinem Willen, sondern geschah zum Wohle Roms. Kurze Zeit später verließen wir Syrien, und von diesem Tag an wurde meine Gemahlin schwermütig. Manchmal sehe ich auf ihrem Gesicht – sogar in diesem herrlichen Garten hier – eine Tragödie, die sich in ihrer Seele abspielt.

Man hat mir berichtet, dass sie den Frauen Roms viel von Jesus erzählt.

Stellt euch vor, der Mann, den ich zum Tode verurteilte, kommt aus der Welt der Schatten zurück und kehrt in mein eigenes Haus ein!

In meinem Innern stelle ich mir immer wieder die

Frage: »Was ist Wahrheit und was ist nicht Wahrheit?«

Könnte es zutreffen, dass dieser Syrer uns in den stillen Stunden unserer Nächte aufsucht, um uns zu unterwerfen und zu erobern? Das darf nicht geschehen! Rom muss über die Alpträume unserer Frauen den Sieg davontragen!

Bartholomäus von Ephesus

Die Feinde Jesu behaupten, dass Er sich mit Seiner Botschaft an Sklaven und Ausgestoßene gerichtet und sie gegen ihre Herren aufgewiegelt habe. Da Er selbst von einfacher Herkunft gewesen sei, sagen sie, habe Er sich an Seine eigene gesellschaftliche Schicht gewandt, obgleich Er stets versucht habe, Seine Herkunft zu verhehlen. Doch lasst uns die Jünger Jesu betrachten und sehen, wie Er mit ihnen umging!

Zu Beginn wählte Er einige Männer aus dem Norden des Landes als Begleiter aus, die freie Männer waren. Sie besaßen eine kräftige Gestalt und einen kühnen Geist. In den vergangenen vierzig Jahren haben sie den Mut bewiesen, dem Tod mit Bereitwilligkeit und Entschlossenheit entgegenzutreten.

Könnt ihr euch vorstellen, dass solche Männer Knechte und Ausgestoßene waren?

Denkt ihr, die stolzen Prinzen vom Libanon und von Armenien hätten ihren hohen Rang abgelegt, als sie Jesus als den Propheten Gottes anerkannten?

Glaubt ihr etwa, dass die hochgeborenen Männer und Frauen aus Antiochien und Byzanz, aus Athen und Rom sich von der Stimme eines Sklavenhalters hätten beeindrucken lassen?

Nein, der Nazaräer war weder mit dem Knecht gegen seinen Meister noch mit dem Meister gegen seinen Knecht. Er unterstützte niemanden gegen einen anderen.

Er war ein Mensch über allen Menschen. Und die Kraft des Lebens, die durch Seine Nerven und Venen strömte, sang von Liebe und Macht zugleich.

Wenn Edelmut darin besteht, ein Beschützer der Unterdrückten zu sein, dann war Er der edelste aller Menschen.

Wenn sich die Freiheit in Gedanken, Worten und Taten äußert, so war Er der freieste aller Menschen.

Und wenn sich die gute Herkunft im Stolz manifestiert, der nur der Liebe den Vorrang einräumt, sowie in einer Zurückhaltung, die stets freundlich und wohlwollend ist, dann war Er der Höchstgeborene von allen Menschen.

Vergesst nicht, dass nur die Starken und Flinken das Rennen und den Lorbeer gewinnen! Und Jesus wurde sowohl von denjenigen gekrönt, die Ihn liebten,

als auch von Seinen Feinden, wenn sie sich dessen auch nicht bewusst waren.
Sogar bis jetzt wird Er täglich von den Priesterinnen der Artemis an einem geheimen Ort ihres Tempels gekrönt.

Matthäus

Eines Abends kam Jesus an dem Gefängnis vorbei, das sich im Davidstor befand, und wir gingen hinter Ihm her.
Plötzlich hielt Er an und berührte mit Seiner Wange die Steine der Gefängismauer und sprach: »Brüder aus alten Zeiten, mein Herz schlägt mit euren Herzen hinter den Gittern. Könntet ihr doch frei sein in meiner Freiheit und mit mir und meinen Freunden durchs Land ziehen!
Wohl seid ihr eingesperrt, aber ihr seid nicht alleine. Zahlreich sind die Gefangenen, die auf den Straßen frei herumlaufen. Ihre Flügel sind nicht beschnitten, doch sie flattern damit nur wie ein Pfau, statt sie zum Fliegen zu benutzen.
Brüder meines zweiten Tages, ich werde euch bald in euren Zellen besuchen und euch für eure Lasten meine Schulter leihen, denn der Schuldige und Unschuldige sind nicht getrennt, sondern den beiden Knochen des Vorderarmes gleich, gehören sie zusammen.

Brüder dieses Tages, der mein Tag ist, ihr seid gegen den Strom der allgemeinen Rechtsvorstellungen geschwommen und gefangen genommen worden. Man sagt, dass auch ich gegen diesen Strom schwimme. Vielleicht werde ich bald in eurer Mitte sein, ein Gesetzesbrecher unter Gesetzesbrechern.
Brüder eines Tages, der noch nicht angebrochen ist, diese Wände werden niederfallen, und aus ihren Steinen werden andere Gebäude errichtet werden von dem, dessen Hammer das Licht ist und dessen Meißel der Wind ist. Und ihr werdet frei sein in der Freiheit meines neuen Tages.«
So sprach Jesus und ging weiter, während Seine Hand über die Gefängnismauer glitt, bis Er den Davidsturm hinter sich gelassen hatte.

Andreas

Die Bitterkeit des Todes ist weniger bitter als das Leben ohne Ihn. Seitdem man Ihn zum Schweigen brachte, sind die Tage stumm und reglos. Nur das Echo in meinem Gedächtnis wiederholt Seine Worte – nicht aber Seine Stimme.
Einmal hörte ich Ihn sagen: »Geht hinaus auf die Felder, wenn ihr Lust habt, und setzt euch zu den Lilien! Ihr werdet sie in der Sonne summen hören. Sie

weben keine Stoffe für ihre Kleidung und bauen keine Häuser aus Holz und Stein, um darin Schutz zu suchen, und dennoch singen sie. Denn Er, der in den Nächten schafft, sorgt für sie, und der Tau Seiner Gnade liegt auf ihren Blütenblättern.
Sorgt Er nicht auch für euch, Er, der nie müde wird und der sich niemals ausruht?«
Ein anderes Mal hörte ich Ihn sagen: »Die Vögel des Himmels sind von eurem Vater gezählt, und ein jeder von ihnen ist registriert ebenso wie die Haare eures Kopfes. Ohne Seinen Willen wird kein Vogel zu Füßen des Schützen fallen und kein Haar eures Kopfes weiß werden oder ins Nichts zurückkehren.«
Wieder ein anderes Mal sagte er: »Ich hörte euch in euren Herzen flüstern: Unser Gott wird zu uns, den Kindern Abrahams, gnädiger sein als zu jenen, die Ihn nicht von Anfang an kannten. Ich aber sage euch, der Besitzer des Weingartens, der am Morgen einen Arbeiter für die Ernte einstellt und einen anderen gegen Sonnenuntergang und beiden den gleichen Lohn auszahlt, dieser Mann ist in Wahrheit gerecht. Zahlt er nicht aus seinem eigenen Geldbeutel und nach seinem eigenen Willen?
So wird mein Vater die Tore Seiner Wohnung allen öffnen, die daran klopfen, den Heiden ebenso wie euch, denn Sein Ohr lauscht der neuen Melodie mit der gleichen Liebe und Freude, die Er für das oft ge-

hörte Lied empfindet, und Er heißt das jüngste Lied besonders willkommen, denn es lässt eine neue Saite in Seinem Herzen anklingen.«

Und wieder ein anderes Mal hörte ich Ihn sagen: »Bedenkt, ein Dieb ist ein Mann in Not, und ein Lügner ist ein Mann in Angst. Der Jäger, der von dem Wächter eurer Nacht gejagt wird, wird ebenso vom Wächter seiner eigenen Dunkelheit gejagt.

Ich möchte, dass ihr mit allen Erbarmen habt!

Wenn sie an eurer Tür klopfen, öffnet ihnen euer Haus und ladet sie an euren Tisch ein. Denn wenn ihr sie zurückweist, könnt ihr euch nicht freisprechen von den Missetaten, die sie begehen werden.«

Eines Tages folgte ich Ihm – ebenso wie die anderen – zum Marktplatz von Jerusalem. Er erzählte uns das Gleichnis vom verlorenen Sohn und das von einem Kaufmann, der all seine Besitztümer verkaufte, um eine Perle zu erstehen.

Während Er noch sprach, schleppten die Pharisäer eine Frau heran, die sie als Hure bezeichneten. Sie stellten sich vor Jesus auf und sagten: »Diese Frau hat ihr Ehegelübde gebrochen und wurde bei der Tat überrascht!«

Jesus sah die Frau an, legte Seine Hand auf ihre Stirn und schaute ihr tief in die Augen. Danach wandte Er sich an die Männer, die sie gebracht hatten, und blickte sie lange an. Dann bückte Er sich und begann, mit Seinem Finger ihre Namen auf die Erde zu schreiben. Er schrieb den Namen jedes Mannes, und neben den Namen schrieb Er die Sünden und Fehler, die er begangen hatte. Und während Er noch schrieb, flohen sie beschämt, einer nach dem anderen. Als Er zu schreiben aufhörte, standen nur noch jene Frau und wir um Ihn herum.

Wieder schaute Er der Frau in die Augen und sagte: »Du hast allzu viel geliebt, während diejenigen, die dich hierher brachten, zu wenig lieben. Sie brachten dich mir als Falle, in der ich mich verstricken sollte. Nun geh in Frieden! Keiner von ihnen ist mehr hier, um dich zu verurteilen. Und wenn du dich dazu entschließen kannst, nach der Weisheit ebenso sehr wie nach der Liebe zu suchen, dann komm zu mir zurück, denn der Menschensohn wird dich nicht richten.«

Ich fragte mich damals, ob Er das zu ihr sagte, weil Er selber nicht ohne Schuld war.

Seit jenem Tag habe ich lange darüber nachgedacht. Doch nun weiß ich, dass nur derjenige, der reinen Herzens ist, dem Durst verzeiht, der zu trüben Wassern führt.

Und nur derjenige, der einen festen Schritt hat, kann dem Strauchelnden die Hand reichen.

Und noch einmal wiederhole ich, dass die Bitterkeit des Todes weniger bitter ist als das Leben ohne Ihn.

Ein reicher Mann

In Seinen Reden kamen die Reichen nicht gut weg. Eines Tages unterbrach ich Ihn und fragte: »Herr, was soll ich tun, um meinen Seelenfrieden zu finden?« Er forderte mich auf, all meine Besitztümer den Armen zu geben und Ihm zu folgen.

Doch Er besaß nichts, und Er kannte deshalb weder die Sicherheit und Freiheit, die solch ein Besitz verleiht, noch die Anerkennung und Selbstwertschätzung, die darin begründet liegt. In meinem Haus gibt es 140 Sklaven und Diener. Einige davon arbeiten in meinen Wäldern und Weinbergen, andere steuern meine Schiffe zu entfernten Inseln.

Wenn ich Seiner Aufforderung Folge leisten würde und meinen gesamten Besitz den Armen gäbe, was geschähe dann mit meinen Sklaven und Dienern, mit ihren Frauen und Kindern? Sie wären gezwungen, an den Stadttoren oder in der Tempelhalle betteln zu gehen.

Nein, dieser gute Mann hat das Geheimnis des Reichtums nicht begriffen. Da Er und Seine Jünger von der Großzügigkeit und Wohltätigkeit anderer lebten, glaubte Er, dass alle Menschen so leben können.

Hier gibt es einen Widerspruch und ein Rätsel: Sollen die Reichen den Armen ihren gesamten Besitz überlassen, und sollen die Armen den Becher und den Laib Brot des Reichen erhalten, bevor er sie an seinen Tisch lädt? Hat der Besitzer der Burg es nötig, der Gast seiner Pächter zu sein, statt sich selber Herr seines Landes zu nennen?

Die Ameise, die einen Wintervorrat anlegt, ist weiser als die Heuschrecke, die einen Tag singt und den anderen Tag hungert.

Am vergangenen Samstag sagte einer Seiner Jünger auf dem Marktplatz: »Kein Mensch ist würdig, seinen Kopf auf die Schwelle zu legen, wo Jesus Seine Sandalen abgelegt hat.«

Ich aber frage mich, an der Schwelle welchen Hauses soll dieser ehrliche Vagabund Seine Sandalen abgelegt haben?

Er selbst besaß niemals ein Haus, nicht einmal eine Schwelle, und oft ging Er ohne Sandalen.

Johannes auf Patmos

Noch einmal lasst mich von Ihm sprechen. Gott gab mir eine Stimme und brennende Lippen – wenn sie auch der Beredtsamkeit entbehren. Ich bin einer erschöpfenden Rede unfähig und unwürdig; doch ich werde mein Herz zu Hilfe rufen, damit es auf meinen Lippen sei.

Jesus liebte mich, und ich weiß nicht warum. Und ich liebte Ihn, denn Er beflügelte meinen Geist und ließ ihn zu Höhen aufsteigen, die jenseits meines Ahnens waren, und Er ließ ihn in Tiefen dringen, die jenseits meiner Betrachtungen lagen.

Liebe ist ein heiliges Geheimnis. Sie bleibt ewig sprachlos für diejenigen, die lieben. Denjenigen aber, die nicht lieben, erscheint sie wie ein herzloser Scherz.

Jesus rief mich und meinen Bruder, als wir auf dem Felde arbeiteten. Ich war damals noch sehr jung, und meine Ohren hatten erst die Stimmen der Morgendämmerung vernommen.

Seine Stimme aber war das Ende meiner Arbeit und der Anfang meiner Liebe.

Von da an gab es für mich nichts anderes mehr zu tun, als unter der Sonne zu wandeln und die Schönheit des Augenblicks zu verehren.

Könnt ihr euch eine Majestät vorstellen, die zu gütig ist, um majestätisch zu sein; und eine Schönheit, die zu strahlend ist, als dass man ihre Schönheit wahrnehme?

Könnt ihr in euren Träumen eine Stimme hören, die vor ihrer eigenen Leidenschaft Scheu empfindet?

Er rief mich, und ich folgte Ihm.

An diesem Abend kehrte ich nur ins Haus meines Vaters zurück, um meinen anderen Mantel zu holen.

Ich sagte zu meiner Mutter: »Jesus von Nazareth will, dass ich Ihn begleite.«
Sie entgegnete: »Folge Ihm auf Seinem Weg wie dein Bruder!«
Und ich folgte Ihm. Sein Wohlgeruch zog mich an und nahm mich in Beschlag, um mich zu befreien.
Die Liebe ist ein wohlwollender, aufmerksamer Gastgeber gegenüber den geladenen Gästen, doch für die ungebetenen Gäste ist ihr Haus eine Luftspiegelung.
Ihr wollt, dass ich euch die Wunder Jesu erläutere. Wir alle sind die wunderbare Geste des Augenblicks. Unser Herr und Meister war der Mittelpunkt dieses Augenblicks. Er wollte aber nicht, dass Seine Gesten bekannt werden.
Ich hörte Ihn zu dem Lahmen sagen: »Steh auf und geh heim! Doch erzähl den Priestern nicht, dass ich dich geheilt habe!«
Jesu Geist aber befasste sich mehr mit den Starken und Aufrechten als mit den Gebrechlichen. Er suchte und fesselte andere Geister, und Seine Seele hielt Ausschau nach anderen Seelen. Sein Geist verwandelte die Geister und Seelen derer, die Er traf.
Das erscheint wunderbar; für unseren Herrn und Meister aber war es so einfach wie das Einatmen der Luft des Tages.
Und lasst mich noch von einer anderen Begebenheit berichten: Als Er und ich eines Tages alleine über ein

Feld gingen, waren wir beide sehr hungrig. Schließlich gelangten wir zu einem wilden Apfelbaum, an dessen Zweigen nur zwei Äpfel hingen. Jesus umfasste den Stamm des Baumes mit Seinen Händen und schüttelte ihn, so dass die zwei Äpfel herunterfielen. Er hob sie auf und reichte mir einen. Ich nahm ihn und aß ihn vor lauter Hunger sofort auf.

Dann sah ich Ihn an und bemerkte, dass Er den anderen Apfel noch in Seiner Hand hielt. Er gab ihn mir und sagte: »Iss diesen auch!«

Ich nahm ihn, und in meinem schamlosen Hunger aß ich ihn.

Als wir weitergingen, sah ich in Sein Gesicht. Aber wie soll ich euch beschreiben, was ich sah?

Eine Nacht, in deren weiten Räumen Kerzen leuchteten! Einen Traum jenseits unseres Fassungsvermögens.

Einen Mittag, an dem Hirten in aller Ruhe und Beschaulichkeit rasteten, glücklich darüber, dass ihre Herden um sie herum friedlich grasen.

Abenddämmerung, friedliche Heiterkeit und Heimkehr. Seliges Ruhen und Träumen schließlich.

All diese Dinge sah ich auf Seinem Gesicht.

Er hatte mir beide Äpfel gegeben, obgleich Er genauso hungrig war wie ich. Doch ich sah, dass Er glücklich war, sie mir gegeben zu haben. Denn Er selbst aß von anderen Früchten eines anderen Baumes.

Ich möchte euch viel mehr von Ihm erzählen, aber wie vermag ich es? Wenn die Liebe unermesslich ist, wird sie sprachlos. Und wenn die Erinnerung übervoll ist, sucht sie die schweigenden Tiefen auf.

Petrus

Als wir wieder einmal in Kapharnaum waren, sprach mein Herr und Meister diese Worte:
»Euer Nächster ist euer anderes Ich, das hinter Mauern lebt. Durch Verständnis könnt ihr diese Mauern zum Einstürzen bringen! Wer weiß, ob euer Nächster nicht sogar euer besseres Ich ist, das in einem anderen Körper wohnt? Liebt ihn wie euch selber! Auch er ist ein Teil des Allerhöchsten, den ihr nicht kennt.
Euer Nachbar ist ein Feld, auf dem sich die Frühlinge eurer Hoffnungen in grünen Gewändern bewegen und wo die Winter eurer Wünsche von schneebedeckten Gipfeln träumen. Euer Nachbar ist ein Spiegel, in dem ihr euer Gesicht sehen könnt, verschönt durch eine Freude, die ihr selbst nicht kanntet, oder eine Sorge, die ihr selbst nicht littet.
Ich lege euch nahe, euren Nächsten so zu lieben, wie ich euch geliebt habe.«
Da fragte ich Ihn: »Meister, wie kann ich einen

Mitmenschen lieben, der mich nicht liebt, der nach meinem Eigentum trachtet und mir meinen Besitz raubt?«

Er antwortete: »Wenn ihr euren Acker pflügt und euer Diener hinter euch hergeht, um die Saat in die offene Erde zu streuen, würdet ihr dann eure Arbeit unterbrechen und euch umschauen, um einen Spatz zu verscheuchen, der sich von einigen Samenkörnern nährt? Wenn ihr dies tut, dann seid ihr der Reichtümer eurer Ernte nicht würdig!«

Als Jesus dies sagte, war ich beschämt und schwieg. Aber ich konnte ohne Furcht und Sorge sein, denn Er lächelte mich an.

Ein Schuster in Jerusalem

Weder liebte ich Ihn noch hasste ich Ihn. Wenn ich Ihm zuhörte, dann war es nicht wegen der Worte, die Er sprach, sondern des Klanges Seiner Stimme wegen. Denn Seine Stimme gefiel mir.

Alles, was Er sagte, erschien mir verschwommen und nebelhaft, aber meine Ohren erfreuten sich an der Melodie Seiner Stimme.

Wenn mir nicht andere von Seiner Lehre berichtet hätten, so wäre ich nicht einmal imstande zu sagen, ob Er für oder gegen Judäa war.

Susanne von Nazareth, eine Nachbarin Marias

Ich kannte Maria, die Mutter Jesu, bevor der Zimmermann Joseph sie zur Frau nahm; wir beide waren damals noch unverheiratet. In jener Zeit hatte Maria manchmal Visionen, sie hörte überirdische Stimmen und erzählte von himmlischen Boten, die ihr in ihren Träumen erschienen.

Die Bewohner Nazareths schätzten sie sehr und beobachteten ihr Kommen und Gehen; sie blickten ihr aufmerksam und fasziniert nach, denn in ihrer Miene verbargen sich Höhen, und Weiten in ihren Schritten.

Einige Bewohner behaupteten, dass sie besessen sei, da sie im Gegensatz zu den meisten ihren eigenen Weg ging. Ich hielt sie für älter, als sie war, denn schon ihre Blütezeit enthielt den Erntesegen, und ihr Frühling war voll reifer Früchte. Mitten unter uns wurde sie geboren und aufgezogen, und dennoch war sie wie eine Fremde aus einem anderen Land. In ihren Blicken lag ständig die Verwunderung eines Menschen, der sich an unsere Gesichter noch nicht gewöhnt hat.

Sie war so stolz wie die Miriam aus alten Zeiten, die ihre Brüder vom Nil bis in die Wüste begleitete.

Dann heiratete Maria den Zimmermann Joseph.

Als sie Jesus erwartete, pflegte sie lange Spaziergänge durch die Täler und über die Hügel zu machen. Wenn sie in der Abenddämmerung zurückkehrte, waren ihre Augen voll Lieblichkeit und Kummer.
Bei der Geburt Jesu soll Maria zu ihrer Mutter gesagt haben:
»Ich bin ein unbeschnittener Baum. Kümmere du dich um diese Frucht!« Jedenfalls will Martha, ihre Hebamme, sie dies sagen gehört haben. Drei Tage später besuchte ich sie. Ihre Augen waren voller Staunen, ihre Brüste waren gerundet, und ihr Arm lag um ihren Erstgeborenen, wie eine Muschel die Perle umschließt.
Wir alle liebten Marias Kind, und wir ließen es nicht aus den Augen, denn Sein Wesen strahlte eine Wärme aus, und das Leben pulsierte in Ihm.
Die Zeit verging, und Er wurde ein kleiner Junge voller Lachen und Phantasie. Keiner von uns wusste, was Ihm im nächsten Moment einfallen würde. Er schien sich außerhalb unserer Rasse zu bewegen. Und niemand tadelte Ihn, obgleich Er oftmals kühn und waghalsig war. Er spielte mit den Kindern, wenn diese Ihn auch selten zu ihren Spielen einluden.
Als Er zwölf Jahre alt war, führte Er einmal einen Blinden durch einen Bach bis zur sicheren Landstraße. Dankbar fragte Ihn der Blinde:
»Wer bist du, kleiner Junge?«

Er antwortete: »Ich bin kein kleiner Junge, ich bin Jesus.«

Der Blinde fragte weiter: »Und wer ist dein Vater?«

Er sagte: »Gott ist mein Vater.«

Der Blinde erwiderte lachend: »Das hast du gut gesagt, mein kleiner Junge. Und wer ist deine Mutter?«

»Ich bin nicht dein kleiner Junge«, entgegnete Jesus, »und meine Mutter ist die Erde.«

Da sagte der Blinde: »Also hat mich der Sohn Gottes und der Erde durch den Fluss geführt.«

Jesus gab ihm zur Antwort: »Ich werde dich führen, wohin du gehen willst, und meine Augen werden deine Schritte lenken.«

Er wuchs wie ein seltener kostbarer Palmbaum in unseren Gärten auf. Als Er neunzehn Jahre alt war, war Er so anmutig wie ein Hirsch, Seine Augen waren wie Honig und voller Staunen. Auf Seinen Lippen lag der Durst einer Karawane der Wüste nach den Wassern eines Sees.

Er hatte die Gewohnheit, lange, einsame Spaziergänge durch die Felder zu machen, und unsere Blicke folgten Ihm, ebenso wie die Augen aller jungen Mädchen von Nazareth.

Doch konnten wir uns nicht freimachen von einer gewissen Scheu, die wir Ihm gegenüber empfanden. Die Liebe begegnet der Schönheit wohl immer mit

Zurückhaltung, wenn sie auch ständig auf der Suche nach der Schönheit ist.

Dann kamen die Jahre, in denen Er im Tempel und in den Gärten Galiläas predigte.

Manchmal folgte Maria Ihm, um Seinen Worten zu lauschen und die Melodie ihres eigenen Herzens zu hören. Wenn Er und Seine Freunde aber nach Jerusalem gingen, kam sie nicht mit.

Denn wir Menschen aus dem Norden werden in den Straßen von Jerusalem oft verspottet und verlacht, selbst dann, wenn wir unsere Opfergaben zum Tempel tragen. Und Maria war zu stolz, um sich dem Gespött der Menschen des Südens auszuliefern.

Jesus besuchte andere Länder im Osten und im Westen. Wir wissen nicht, welche Länder Er alle aufsuchte, aber unsere Herzen folgten Ihm.

Maria aber erwartete Ihn jedes Mal an der Schwelle des Hauses, und jeden Abend suchten ihre Augen den Weg ab in Erwartung Seiner Heimkehr.

Nach Seiner Ankunft pflegte sie zu uns zu sagen: »Er ist zu groß, um mein Sohn zu sein, und zu beredt für mein stilles Herz. Wie kann ich überhaupt einen Anspruch auf Ihn erheben?«

Es schien, als könnte sie nicht glauben, dass die Ebene ein Gebirge zur Welt gebracht hatte. In der Unbefangenheit ihres Herzens sah sie nicht, dass der Abhang des Hügels dem Pfad zum Gipfel vorausgeht.

Sie kannte diesen Mann, aber da Er ihr Sohn war, wagte sie nicht, Ihn zu kennen.

Eines Tages, als Jesus zu den Fischern an den See ging, sagte sie zu mir: »Was ist der Mensch anderes als dieses rastlose Wesen, das sich von der Erde erhebt? Und wer ist der Mensch, wenn nicht eine Sehnsucht, welche die Sterne zum Ziel hat? Mein Sohn ist eine Sehnsucht, Er ist unser aller Sehnsucht nach den Sternen. Sagte ich mein Sohn? Möge Gott mir verzeihen! Und doch werde ich in meinem Herzen Seine Mutter sein.«

Es fällt mir schwer, mehr über Maria und ihren Sohn zu erzählen, aber obgleich meine Kehle heiser ist und meine Worte euch wie Krüppel auf Krücken erreichen, muss ich berichten, was ich gesehen und gehört habe.

Es war in der Jugend des Jahres, als die roten Anemonen an den Abhängen der Hügel blühten, da rief Jesus Seine Jünger zusammen und sagte zu ihnen: »Kommt mit mir nach Jerusalem und werdet Zeugen der Opferung des Lammes zum Paschafest!«

Am gleichen Tag kam Maria an meine Tür und sagte: »Er geht in die Heilige Stadt. Willst du mitkommen und Ihm mit mir und den anderen Frauen folgen?«

Wir machten uns auf den langen Weg nach Jerusalem und folgten Maria und ihrem Sohn. Als wir die Stadt erreichten, begrüßte uns eine Gruppe von Männern und Frauen, denn Seine Ankunft war Seinen Freunden angekündigt worden.

In der gleichen Nacht noch verließ Jesus die Stadt mit Seinen Jüngern. Man sagte uns, dass Er nach Bethanien gegangen sei. Maria blieb mit uns in der Herberge und wartete auf Seine Rückkehr.

Am Abend des folgenden Donnerstags wurde Er außerhalb der Stadtmauern gefangen genommen. Als wir von Seiner Festnahme hörten, sagte Maria kein einziges Wort, aber in ihren Augen zeigte sich die Erfüllung der Leiden und Freuden, die wir darin gelesen hatten, als sie noch eine Braut in Nazareth war.

Sie weinte nicht. Sie bewegte sich unter uns wie der Geist einer Mutter, die sich weigert, den Geist ihres Sohnes zu beweinen. Wir saßen auf dem Boden, während sie aufrecht blieb und im Raum hin und her ging. Manchmal blieb sie lange reglos am Fenster stehen und starrte gen Osten, dann strich sie sich mit den Fingern beider Hände die Haare zurück.

Bei Tagesanbruch stand sie immer noch unter uns wie ein einsames Banner, das auf einem von den Heeren verlassenen Schlachtfeld zurückgeblieben war. Wir weinten, denn wir wussten, was ihren Sohn morgen erwartete; sie weinte nicht, obwohl sie auch wusste, was auf Ihn zukam.

Ihre Knochen waren wie aus Bronze, ihre Nerven wie

uralte Ulmen, und ihre Augen waren weit und furchtlos wie der Himmel.

Habt ihr je eine Drossel singen hören, während ihr Nest im Winde brennt?

Habt ihr je eine Frau gesehen, deren Leid zu groß ist, um sich in Tränen aufzulösen, oder ein verwundetes Herz, das sich über seinen Schmerz erhebt?

Ihr habt eine solche Frau nicht gesehen, denn ihr wart nicht mit uns in ihrer Gegenwart, umgeben von der unsichtbaren Mutter.

In diesem stummen Augenblick, als die dumpfen Hufe des Schweigens an die Brust der Schlaflosen klopften, kam Johannes, der junge Sohn des Zebedäus, und sagte: »Mutter Maria, Jesus geht fort! Komm, lass uns Ihm folgen!«

Maria legte ihre Hand auf Johannes' Schulter. Sie gingen hinaus, und wir folgten ihnen.

Als wir zum Davidsturm kamen, sahen wir Jesus Sein Kreuz tragen. Und eine große Menge umgab Ihn.

Zwei andere Männer trugen ebenfalls ihre Kreuze. Maria schritt erhobenen Hauptes hinter ihrem Sohn her; und ihr Schritt war fest und sicher.

Und hinter ihr schritten Zion und Rom, ja die ganze Welt ging hinter ihr her, um sich an einem freien Mann zu rächen.

Nachdem wir den Hügel erreicht hatten, wurde Er ans Kreuz geschlagen. In diesem Augenblick sah ich

Maria an. Ihr Gesicht war aber nicht das einer verratenen Frau. Es war das Gesicht der fruchtbaren Erde, die immer wieder Kinder gebiert, um sie immer wieder zu beerdigen. Da erschien die Erinnerung der Kindheit vor ihren Augen, und sie sagte laut:
»Mein Sohn, der du nicht mein Sohn bist, Mann, der du einst in meinem Schoß warst, ich bin stolz auf deine Macht! Ich weiß, dass jeder Tropfen Blut, der von deinen Händen rinnt, der heilende Quell einer Nation sein wird. Du stirbst in diesem Unwetter, wie mein Herz einst starb bei einem Sonnenuntergang, und ich werde weder trauern noch klagen.«
In diesem Augenblick hätte ich am liebsten mein Gesicht mit meinem Umhang verhüllt und wäre weggelaufen ins Land des Nordens, aber plötzlich hörte ich Maria sagen:
»Mein Sohn, der nicht mein Sohn ist, was hast du zu dem Mann zu deiner Rechten gesagt, das ihn in seinem Todeskampf noch glücklich machte? Der Schatten des Todes liegt wie ein Licht auf seinem Gesicht, und er kann seine Augen nicht von dir abwenden. Jetzt lächelst du mich an, und weil du lächelst, weiß ich, dass du gesiegt hast.«
Jesus schaute Seine Mutter an und sagte:
»Maria, sei von nun an die Mutter des Johannes!«
Und zu Johannes sagte Er:

»Sei dieser Frau ein liebender Sohn! Geh zu ihr, und lass deinen Schatten die Schwelle des Hauses überschreiten, in dem ich einst zu Hause war. Tu dies zu meinem Gedenken!«

Maria hob ihre rechte Hand zu ihm empor, und sie glich einem Baum mit einem einzigen Ast. Sie rief noch einmal:

»Mein Sohn, der nicht mein Sohn ist, wenn dies alles von Gott kommt, möge Er uns Geduld und Einsicht geben. Wenn es aber vom Menschen stammt, möge Gott ihnen in Ewigkeit verzeihen. Wenn dies von Gott ist, wird der Schnee des Libanon dein Leichentuch sein, wenn es aber durch jene Priester und Soldaten geschieht, so habe ich dieses Gewand, um deine Nacktheit zu bekleiden. Mein Sohn, der nicht mein Sohn ist, was Gott aufbaut, wird niemals zerstört werden, und was der Mensch zerstören will, ist unzerstörbar, wenn dies auch seinen Blicken verborgen bleibt.«

In diesem Augenblick übergab der Himmel Ihn der Erde als Schrei und Seufzer. Und Maria überließ Ihn den Menschen, Wunde und Balsam zugleich.

Maria sagte: »Schaut, Er ist dahingegangen! Die Schlacht ist geschlagen. Der Stern ist aufgeleuchtet. Das Schiff hat den Hafen erreicht. Er, der einst an meinem Herzen ruhte, lebt nun im Weltall.«

Wir näherten uns ihr, und sie sagte zu uns:

»Sogar in Seinem Tod lächelt Er. Er hat gesiegt. Ich bin zweifellos die Mutter eines Siegers.«

Maria kehrte nach Jerusalem zurück, gestützt auf Johannes, den jüngsten Jünger. Und sie war eine Frau, die ihre Erfüllung erlebt hatte.

Als wir das Stadttor erreichten, schaute ich in ihr Gesicht und war erstaunt. An diesem Tag erhob sich Jesu Haupt über die Häupter aller Menschen, aber Marias Haupt war nicht weniger aufrecht.

All dies ereignete sich im Frühling dieses Jahres. Und jetzt ist es Herbst. Maria, die Mutter Jesu, lebt wieder in ihrem Haus. Vor zwei Samstagen war mein Herz wie ein Stein in meiner Brust, denn mein Sohn hatte mich verlassen, um sich auf einem Schiff in Tyros anheuern zu lassen, denn er will Seemann werden. Beim Abschied sagte er, dass er nicht mehr zurückkehren werde.

An diesem Abend besuchte ich Maria. Als ich ihr Haus betrat, saß sie an ihrem Webstuhl – ohne zu weben. Stattdessen schaute sie in den Himmel über Nazareth.

Ich sagte: »Sei gegrüßt, Maria!«

Sie reichte mir ihre Hand und sagte: »Komm, setz dich zu mir und lass uns die Sonne betrachten, wie sie ihr Blut über die Hügel ausgießt!«

Ich setzte mich neben sie auf die Bank, und wir schauten durch das Fenster gen Westen. Etwas später sagte Maria: »Ich frage mich, wer diesen Abend die Sonne kreuzigt.«

Da sagte ich:

»Ich komme zu dir, um Trost zu suchen. Mein Sohn hat mich verlassen, um auf hohe See zu gehen. Und nun bin ich alleine drüben im Haus.«

Maria entgegnete: »Ich würde dich gerne trösten, doch wie vermag ich es?«

Ich sagte: »Es genügt, wenn du von deinem Sohn sprichst, und ich werde getröstet sein.«

Da lächelte Maria mich an, sie legte ihren Arm um meine Schulter und sagte: »Ich werde dir von Ihm erzählen. Und was dich tröstet, wird auch mir Trost spenden.«

Dann erzählte sie von Jesus, und sie erzählte lange von allem, was von Anfang an geschehen war. Und es kam mir vor, als machte sie in ihrer Rede keinen Unterschied zwischen ihrem und meinem Sohn.

Sie sagte zu mir: »Mein Sohn ist auch ein Seefahrer. Warum vertraust du deinen Sohn nicht den Wellen an ebenso wie ich?

Die Frau wird immer Schoß und Wiege sein, aber niemals ein Grab. Wir sterben, um dem Leben das Leben zu geben, so wie unsere Finger das Garn für die Kleidung spinnen, die wir niemals tragen werden. Wir werfen unser Netz aus für Fische, die wir niemals kosten werden.

Und darüber klagen wir, obgleich in all dem unsere Freude begründet ist.«
So sprach Maria zu mir.
Ich verließ sie und kehrte getröstet in mein Haus zurück. Wenn auch das Tageslicht bereits verloschen war, setzte ich mich an meinen Webstuhl und setzte die Arbeit an meinem begonnenen Tuch fort.

Joseph, genannt Justus

Viele sagen, Er sei der gewöhnliche Abkömmling einer gewöhnlichen Saat gewesen, ein ungehobelter und ungestümer Mensch.
Sie sagen, dass nur der Wind Seine Haare kämmte und nur der Regen Seine Kleidung nässte. Manche hielten Ihn für besessen und schrieben Seine Worte Dämonen zu.
Doch seht, der verschmähte Mann verkündete eine Herausforderung, deren Echo sich endlos fortsetzt! Er sang ein Lied, dessen Melodie niemand aufhalten kann. Sie wird über den Generationen schweben, sich von Raum zu Raum erheben und stets der Lippen gedenken, die sie zur Welt brachten, und der Ohren, die ihr als Wiege dienten.
Er war ein Fremder unter uns, ein Wallfahrer auf Seinem Weg zu einem heiligen Schrein, ein Besucher,

der an unsere Türen klopfte, ein Gast, der aus einem entfernten Land kam.
Und da Er bei uns keinen gastfreundlichen Gastgeber antraf, kehrte Er zurück an den Ort, woher Er gekommen war.

Philippus

Als unser Geliebter starb, starb die ganze Menschheit mit Ihm, alle Dinge waren eine Weile leblos, stumm und grau. Dann verfinsterte sich der Osten, ein heftiger Sturm kam auf und fegte über das ganze Land. Die Augen des Himmels öffneten sich, und ein Platzregen ergoss sich in Strömen über die Erde und schwemmte das Blut hinweg, das von Seinen Händen und Füßen floss.
Auch ich starb. Doch in der Tiefe meiner Selbstvergessenheit hörte ich Ihn sagen: »Vater, vergib ihnen, denn sie wissen nicht, was sie tun!«
Und Seine Stimme bohrte sich in mein betäubtes Bewusstsein und meinen ertrinkenden Geist, und sie brachte mich ans sichere Ufer zurück.
Ich öffnete meine Augen und sah Seinen weißen Körper an einer Wolke. Seine Worte, die ich gerade gehört hatte, wirkten in mir, und ich wurde ein neuer Mensch. Ich hörte auf zu trauern und zu klagen.

Denn wer trauert über ein Meer, das Sein Antlitz enthüllt, oder über ein Gebirge, das in der Sonne lacht?
Hat es jemals ein Menschenherz gegeben, das zu solchen Worten fähig war, während die Lanze es durchbohrte?
Welcher andere Menschenrichter sprach Seine Richter frei? Hat die Liebe je den Hass mit einer größeren Selbstsicherheit herausgefordert?
Hat man je den Schall einer solchen Trompete zwischen Himmel und Erde vernommen?
Gab es das jemals zuvor, dass der Geschlachtete Mitleid hatte mit Seinen Mördern? Oder dass ein Meteor Seinen Lauf für einen Maulwurf aufhielt?
Die Jahreszeiten werden sich erschöpfen und die Jahre altern, bevor jene Worte sich abnutzen: »Vater, vergib ihnen, denn sie wissen nicht, was sie tun.«
Du und ich werden sie im Gedächtnis bewahren, auch wenn wir mehrere Male wiedergeboren werden.
Und nun will ich in mein Haus gehen und vor Seiner Tür stehen als ein reich beschenkter Bettler.

Barbara von Yammuni

Jesus war geduldig mit den Schwerfälligen und Stumpfsinnigen wie der Winter, der gelassen den Frühling erwartet.

Er war geduldig wie ein Gebirge im Wind.
Er antwortete freundlich auf die listigsten und angriffslustigsten Fragen Seiner Gegner. Und Er schwieg angesichts von Spitzfindigkeit und Streitlust, denn Er war stark, und der Starke vermag nachsichtig zu sein.
Doch Jesus konnte auch ungeduldig werden.
Den Heuchler verschonte Er nicht. Und den Verschlagenen und Wortverdrehern machte Er keine Zugeständnisse. Auch ließ Er niemanden über sich bestimmen.
Mit denjenigen, die nicht an das Licht glauben, weil sie selber im Schatten leben, und mit denen, die nach Zeichen am Himmel Ausschau halten, statt ihr eigenes Herz zu befragen, konnte Er sehr ungehalten sein. Ebenso wie mit denjenigen, die Tage und Nächte wiegen und messen, bevor sie ihre Träume dem Morgenrot oder der Abenddämmerung anvertrauen.
Jesus war der Geduldigste aller Menschen und gleichzeitig der Ungeduldigste.
Er ließ euch das Tuch weben, auch wenn es bedeutete, dass ihr damit Jahre am Webstuhl zubringen musstet.
Doch Er ließ es nicht zu, dass jemand auch nur einen Zoll dieses gewebten Tuches zerriss.

Die Frau des Pilatus an eine römische Dame

Ich ging mit meinen Begleiterinnen durch Jerusalem, als ich Ihn zum ersten Mal sah. Er saß inmitten einer Gruppe von Männern und Frauen und sprach zu ihnen in einer Sprache, die ich nur zum Teil verstand.

Aber es bedarf keiner Worte, um eine Lichtsäule oder einen Berg aus Kristall wahrzunehmen. Das Herz versteht, was die Lippen nicht aussprechen und die Ohren nicht hören können.

Er sprach zu Seinen Freunden von der Liebe und der Macht. Ich weiß, dass Er über die Liebe sprach, denn Seine Stimme war eine sanfte Melodie. Und ich weiß auch, dass Er über die Macht sprach, denn in Seinen Gesten und Worten war die Kraft einer Armee.

Obgleich Er mit großer Sanftmut redete, hätte mein Gemahl nicht mit annähernder Autorität sprechen können.

Als Er mich vorbeigehen sah, unterbrach Er Seine Rede einen Augenblick und schaute mich an. Da fühlte ich mich winzig klein, und meine Seele wusste, dass ich einem Gott begegnet war.

Von diesem Tag an sehe ich Sein Bild, wenn niemand bei mir ist. Seine Augen brennen in meiner Seele, auch wenn meine Augen geschlossen sind. Und Seine

Stimme erfüllt das Schweigen meiner Nächte. Ich bin Ihm für immer ausgeliefert. In meinem Leiden ist Frieden, und Freiheit in meinen Tränen.

Ein Mann aus der Umgebung Jerusalems über Judas

An jenem Freitag, am Abend des Paschafestes, kam Judas und klopfte heftig an meine Tür.
Als er eintrat, schaute ich ihn an; sein Gesicht war totenbleich, und seine Hände zitterten wie tote Zweige im Wind; seine Kleidung war so feucht, als hätte er gerade einen Fluss durchquert, es war nämlich an diesem Abend ein starkes Unwetter aufgekommen. Seine Augenhöhlen, aus denen er mich anschaute, glichen dunklen Grotten, und seine Augen waren blutunterlaufen.
»Ich habe Jesus von Nazareth Seinen und meinen Feinden ausgeliefert«, sagte er. Dann rang er verzweifelt seine Hände und fuhr fort: »Jesus hatte uns versichert, dass Er Seine Feinde und die Feinde unseres Volkes besiegen werde. Ich glaubte Ihm und schloss mich Ihm aus diesem Grund an.
Als Er uns einlud, Ihm zu folgen, versprach Er uns ein großes, mächtiges Königreich. In dieser Erwartung suchten wir Seine Gunst, um ehrenvolle Stel-

lungen und hohe Ämter an Seinem Hof einzunehmen.

Wir sahen uns schon als Prinzen, welche die Römer so behandeln, wie sie uns behandelten. Jesus sprach oft von Seinem Königreich, und ich nahm an, dass Er mich als Heerführer Seiner Krieger und als Lenker Seiner Streitwagen ausgewählt hatte. Mit dieser Aussicht folgte ich bereitwillig Seinen Spuren.

Dann musste ich aber entdecken, dass Jesus mitnichten ein Königreich anstrebte und dass es nicht die Römer waren, von denen Er uns befreien wollte. Das Königreich, von dem Er sprach, war nichts anderes als das Herz des Menschen, und ich hörte Ihn immer mehr von Friedfertigkeit und Versöhnlichkeit reden. Die Frauen am Wegesrand hörten Ihm begeistert zu, während mein Herz mehr und mehr enttäuscht war.

Mein erhoffter König von Judäa hatte sich plötzlich in einen Flötenspieler verwandelt, der den Geist der Wanderer und Vagabunden besänftigte.

Ich habe Ihn geliebt, wie andere Stammesangehörige Ihn liebten. Ich sah in Ihm eine Hoffnung auf eine Befreiung vom Joch der Fremden. Aber als Er weder ein Wort sagte, noch Seine Hand bewegte, um dieses Joch von uns zu nehmen, und stattdessen sogar verlangte, Cäsar zu erstatten, was Cäsars ist, da packte mich die Verzweiflung, und meine Hoffnung wurde zunichte. Ich sagte mir: Derjenige, der meine Erwartungen zerstört hat, muss selbst vernichtet werden, denn meine Hoffnungen und Erwartungen sind kostbarer als ein Menschenleben.« Da knirschte Judas mit den Zähnen, beugte seinen Kopf und fuhr fort zu sprechen:

»Ich habe Ihn verraten, und heute wurde Er gekreuzigt ... Doch als Er am Kreuze starb, da starb er als ein König. Im Unwetter starb Er, einem Befreier gleich, und wie große Menschen sterben, die jenseits von Leichentuch und Grabstein weiterleben. Während der ganzen Zeit Seines Todeskampfes zeigte Er ein Herz voller Güte, Milde und Barmherzigkeit. Sogar mit mir hatte Er Erbarmen, obgleich ich Ihn verraten hatte.«

Ich sagte zu meinem Gast: »Judas, du hast ein schweres Unrecht begangen!«

Judas entgegnete: »Er ist als König gestorben, warum hat Er nicht wie ein König gelebt?«

Ich wiederholte nur: »Du hast ein schweres Verbrechen begangen!«

Da setzte er sich auf diese Bank dort und blieb so stumm wie ein Stein.

Ich aber ging im Raum auf und ab und sagte noch einmal: »Du hast eine große Schuld auf dich geladen, Judas!«

Er erwiderte kein einziges Wort und war so stumm wie die Erde. Nach einer Weile stand er auf und sah mich an. Er schien größer als zuvor, und als er sprach, hatte seine Stimme den Klang eines zerspaltenen Schiffes. Und er sagte:

»Unrecht war nicht in meinem Herzen! Noch in dieser Nacht werde ich Sein Königreich aufsuchen. Ich werde vor Ihn treten und Ihn um Verzeihung bitten.

Er starb als König, und ich werde als Verbrecher sterben. Aber in meinem Herzen weiß ich, dass Er mir vergeben wird.«

Nach diesen Worten legte er seinen nassen Umhang wieder an und sagte:

»Es war gut, dass ich in dieser Nacht zu dir kam, selbst wenn ich dir Kummer bereitet habe. Ich hoffe, du wirst mir verzeihen. Sag deinen Kindern und den Kindern deiner Kinder: Judas Iskariot lieferte Jesus Seinen Feinden aus, weil er glaubte, dass Er ein Feind Seiner eigenen Rasse war.

Sag ihnen aber auch, dass er noch am gleichen Tag seines großen Irrtums dem König bis zu den Stufen Seines Thrones folgte, um seine eigene Seele Ihm auszuliefern und gerichtet zu werden. Ich werde Ihm sagen, dass mein Blut sich nach der Erde sehnte und dass mein verirrter Geist nach der Freiheit strebte.«

Dann lehnte Judas seinen Kopf zurück an die Wand und rief: »O Gott, dessen erhabenen Namen niemand aussprechen sollte, bevor seine Lippen von den Fingern des Todes berührt wurden, warum hast du mich verbrannt mit einem Feuer ohne Licht!

Warum gabst du dem Galiläer diese Leidenschaft für eine unbekannte Erde, und warum hast du mich mit dem einen Wunsch belastet, der sich über Familie und Heim hinwegsetzte?

Wer ist dieser Mann Judas, dessen Hände in Blut getaucht sind? Hilf mir, ihn abzustreifen wie ein altes Kleidungsstück oder wie einen ausgedienten Harnisch. Hilf mir, es in dieser Nacht zu tun! Lass mich aus diesen Mauern hinaustreten! Ich bin der Freiheit ohne Schwingen überdrüssig! Ich suche nach einer größeren Behausung!

Ich werde einen Strom von Tränen in den bittern Ozean vergießen. Lieber will ich von deiner Barmherzigkeit abhängen, als an die Türe meines eigenen Herzens klopfen zu müssen.«

So sprach Judas, dann öffnete er die Tür und lief hinaus in die stürmische Nacht.

Drei Tage später besuchte ich Jerusalem und erfuhr alles, was sich ereignet hatte. Man erzählte mir auch, dass Judas sich vom Gipfel des hohen Felsens hinabgestürzt hatte.

Seit diesem Tag habe ich lange über alles nachgedacht, und ich verstehe Judas. Er lebte sein kleines Leben; es schwebte wie ein Nebel über diesem Land, das von den Römern unterjocht wurde, während der große Prophet die Höhen erklomm.

Ein Mann sehnte sich nach einem Königreich, in dem er ein Prinz ist.

Ein anderer Mann trachtete nach einem Königreich, in dem alle Menschen Prinzen sind.

Sarkis, ein alter griechischer Hirte, genannt der Narr

In einem Traum sah ich Jesus und meinen Gott Pan, die im Herzen des Waldes zusammensaßen.

Sie lachten einer über die Worte des anderen, wobei das Lachen Jesu fröhlicher klang als das Lachen Pans. Beide unterhielten sich lange, während in ihrer Nähe ein kleiner Bach lustig plappernd vorbeifloss.

Pan erzählte von der Erde und ihren Geheimnissen, von seinen behuften Brüdern und seinen gehörnten Schwestern sowie von Träumen. Er sprach von Wurzeln und ihren Nestlingen, von dem Lebenssaft der Pflanzen, der im Frühling erwacht und aufsteigt und im Sommer singt.

Jesus erzählte von den jungen Sprösslingen des Waldes, von Blüten, Keimen und Früchten, welche die Pflanzen in einer noch nicht angebrochenen Jahreszeit tragen werden. Er sprach von den Vögeln in den Lüften und ihrem Gezwitscher in Himmelshöhen, von weißen Hirschen in der Wüste, die Gott selbst weidet. Und Pan ergötzte sich an den Reden des neuen Gottes, und seine Nasenflügel zitterten vor Entzücken.

Und in demselben Traum sah ich Pan und Jesus ruhig und schweigsam werden in der Stille der grünen Schatten.

Da nahm Pan seine Rohrflöte und spielte für Jesus.

Und bei ihren Klängen bebten die Bäume, das Farnkraut zitterte, und die Furcht ergriff mich.

Jesus sagte: »Lieber Bruder, du hast die Lichtung und den Felsengipfel in deinem Rohr!«

Da reichte Pan Jesus seine Rohrflöte und forderte Ihn auf: »Spiel du nun! Du bist an der Reihe!«

Jesus erwiderte: »Dein Instrument hat zu viele Rohre für meinen Mund. Ich nehme lieber diese Flöte.«

Er nahm die Flöte und begann zu spielen. Und ich hörte den Regen auf die Blätter tropfen, das Singen der Flüsse inmitten der Hügel und das Herabfallen des Schnees auf die Bergesgipfel.

Der Pulsschlag meines Herzens, der einst mit dem Wind im Gleichklang war, belebte mich wieder, und alle Wellen meines Gestern fanden sich an meinen Ufern ein. Ich war wieder Sarkis, der Hirte, und Jesu Flöte erschien mir wie die Schalmeien tausender Hirten, die ungezählte Herden herbeirufen.

Da sagte Pan zu Jesus: »Deine Jugend passt sich der Flöte besser an als meine Jahre. Lange vor diesem Tag vernahm ich in meinem Schweigen dein Lied und das Flüstern deines Namens.

Dein Name hat einen angenehmen Klang. Er wird mit dem Lebenssaft kräftig aufsteigen in alle Äste und Zweige, und mit seinen Hufen wird er über die Hügel hüpfen. Dein Name ist mir nicht fremd, obgleich mein Vater ihn mir nicht nannte. Es war deine Flöte, die ihn mir wieder ins Gedächtnis rief. Und nun lass uns zusammen auf unseren Instrumenten spielen!«

Und sie spielten gemeinsam.

Ihre Musik erfüllte Himmel und Erde, und Schrecken befiel alles Lebendige. Ich vernahm das Gebrüll der wilden Tiere und den Hunger des Waldes, ich hörte den Schrei der Einsamen und die Klagen derer, die sich nach dem Unbekannten sehnen. Ich hörte das Seufzen der Jungfrau nach ihrem Geliebten und das Keuchen des glücklosen Jägers, der hinter seiner Beute herjagt.

Dann kam Frieden in ihre Musik, und Himmel und Erde sangen zusammen.

All dies sah und hörte ich in meinem Traum.

Annas, der Hohepriester

Er gehörte dem Pöbel an, war ein Räuber und Marktschreier und in sich selbst verliebt. Beifall spendeten Ihm nur die Unreinen und Entrechteten. So musste Er den Weg aller Ehrlosen gehen.

Er spottete über uns und unsere Gesetze, machte sich lustig über unsere Ehre und verhöhnte unsere Würde. Ja, Er war sogar so schamlos zu verkünden, dass Er den Tempel zerstören und die heiligen Stätten entweihen würde. Deshalb musste Er eines schändlichen Todes sterben.

Er war einer der Nichtjuden von Galiläa, ein Fremder aus dem Land des Nordens, wo Adonis und Astarte danach trachten, Israel und seinem Gott den Rang abzulaufen.

Seine Zunge lahmte, wenn Er sich der Sprache unserer Propheten bediente, doch wenn Er die Vulgärsprache des niederen Volkes sprach, redete Er laut und ohrenbetäubend. Was blieb mir anderes übrig, als Seinen Tod anzuordnen?

Bin ich nicht der Hüter des Tempels und der Verteidiger des Gesetzes? Konnte ich Ihm den Rücken zuwenden und mir sagen: Er ist ein Narr unter Narren! Lassen wir Ihn sich selbst leerlaufen in Seiner Schwärmerei! Solche Narren haben keine Bedeutung für Israel! Konnte ich mich Ihm gegenüber taub stel-

len, während Er uns als Lügner, Heuchler, Wölfe, Vipern und Söhne von Vipern bezeichnete?
Nein, ich konnte Ihn nicht einfach überhören, denn Er war kein Narr. Er war sich Seiner sicher, und mit Seinem lautstarken und gesunden Verstand beleidigte Er uns öffentlich und forderte uns heraus.
Deshalb ließ ich Ihn kreuzigen. Seine Kreuzigung sollte eine Warnung an diejenigen sein, die mit dem gleichen verdammten Siegel gezeichnet sind.
Ich weiß wohl, dass ich dieser Entscheidung wegen kritisiert wurde, sogar von einigen Ältesten im Hohen Rat. Aber ich bin nach wie vor überzeugt, dass es besser ist, wenn ein Mann für das Volk stirbt, als wenn das Volk von einem Mann in die Irre geführt wird.
Judäa wurde einmal von einem Feind von außen zerstört. Ich werde darüber wachen, dass es nicht ein zweites Mal von einem Feind von innen erobert wird.
Aus dem verfluchten Norden soll niemand in unser Allerheiligstes eindringen, noch soll der Schatten eines Fremden auf unsere Bundeslade fallen.

Eine Frau, eine der Nachbarinnen Marias

Am vierzigsten Tag nach Seinem Tod kamen alle Nachbarinnen in Marias Haus, um sie zu trösten und Klagelieder anzustimmen. Und eine der Frauen sang dieses Lied:

Wohin entfernst du dich, mein Frühling, wohin?
In welche Räume verströmst du deinen
   Wohlgeruch?
Welche Felder durchschreitest du,
und zu welchem Himmel blickst du auf,
um dein Herz zu erleichtern?

Unsere Täler werden unfruchtbar sein,
und unsere Felder werden vertrocknen.
Alles Grün wird in der Sonne welken,
unsere Obstgärten werden saure Äpfel
   hervorbringen
und unsere Weinberge bittere Trauben.
Wir werden nach deinem Wein dürsten
und uns nach deinem Duft sehnen.

Wohin gehst du, Blüte unseres ersten Frühlings,
   wohin?
Wirst du nicht mehr zurückkehren?

Wird dein Jasmin uns nicht mehr bezaubern?
Werden deine Alpenveilchen unseren Wegrand
   nicht mehr schmücken
und uns daran erinnern,
dass auch wir tief in der Erde wurzeln
und dass unser Atem sich beständig zum Himmel
   erhebt?

Wohin begibst du dich, Jesus,
Sohn meiner Nachbarin Maria
und Freund meines Sohnes?
Wohin wendest du dich, du unser erster
   Frühling?
Und welche Felder durchschreitest du nun?
Wirst du jemals zu uns zurückkehren?
Wirst du in der Flut deiner Liebe
die unfruchtbaren Strände unserer Träume
   überschwemmen?

Achaz, der stattliche Gastwirt

Ich erinnere mich gut an das letzte Mal, als ich Jesus von Nazareth sah. Judas war am Nachmittag jenes Donnerstags zu mir gekommen und hatte mich gebeten, für Jesus und Seine Freunde das Abendmahl zu bereiten.

Er gab mir zwei Silberstücke und sagte: »Kauf alles, was du für das Essen benötigst!«

Nachdem er gegangen war, sagte meine Frau zu mir: »Das ist eine große Auszeichnung für uns!« Denn Jesus war ein bekannter Prophet geworden und hatte zahlreiche Wunder gewirkt.

In der Abenddämmerung kam Er mit Seinen Begleitern, und sie setzten sich wie immer im oberen Gemach um den Tisch. Doch dieses Mal waren sie schweigsam.

Auch im letzten Jahr und im Jahr zuvor hatten sie hier gespeist, aber da waren sie fröhlich und munter gewesen. Sie hatten das Brot gebrochen, Wein getrunken und unsere alten Weisen gesungen, und Jesus hatte bis Mitternacht zu ihnen gesprochen. Dann hatten sie Ihn allein gelassen und sich selbst in anderen Räumen zur Ruhe gelegt, denn es war Sein Wunsch, nach Mitternacht alleine zu sein.

Er war wach geblieben, und ich hatte von meinem Bett aus Seine Schritte im oberen Gemach gehört.

Dieses Mal aber waren Er und Seine Freunde nicht glücklich. Meine Frau hatte ihnen Fisch vom See in Galiläa zubereitet und Fasane aus Houran, die mit Reis und Granatapfelkernen gefüllt waren, und ich hatte ihnen einen Krug meines besten Zypernweines auf den Tisch gestellt. Dann verließ ich sie, denn ich spürte, dass sie allein sein wollten.

Sie blieben, bis es vollständig dunkel geworden war, dann kamen sie alle aus dem oberen Gemach herunter. Am Fuß der Treppe zögerte Jesus eine Weile. Er schaute mich und meine Frau an, legte Seine Hand auf den Kopf meiner Tochter und sagte: »Gute Nacht euch allen! Wir werden in euer oberes Gemach zurückkehren, und dann werden wir euch nicht so früh verlassen; vielmehr werden wir bleiben, bis die Sonne sich am Horizont zeigt. Nach einer kurzen Weile werden wir zurückkehren und mehr Brot und Wein verlangen. Du und deine Frau, ihr wart uns gute Gastgeber, und wir werden eurer gedenken, wenn wir in unsere Wohnung zurückkehren und uns dort zu Tische setzen.«

Ich erwiderte: »Herr, es war uns eine Ehre, euch zu bedienen! Die anderen Gastwirte beneiden mich um deine Besuche. Voller Stolz lache ich ihnen auf dem Marktplatz zu, und manchmal schneide ich ihnen sogar eine Grimasse.«

Er sprach: »Alle Gastwirte sollten stolz sein zu dienen! Derjenige, der Brot und Wein austeilt, ist der Bruder desjenigen, der die Garben mäht und auf die Tenne bringt, sowie desjenigen, der die Trauben in der Weinpresse zerdrückt. Ihr seid freundlich! Ihr gebt mit Großmut selbst denjenigen, die mit nichts anderem kommen als mit ihrem Hunger und ihrem Durst.«

Dann wandte Er sich an Judas Iskariot, der die Gemeinschaftskasse verwaltete, und sagte:
»Gib mir zwei Schekel!«
Judas gab sie Ihm, indem er darauf hinwies:
»Das sind die letzten Silbermünzen in meiner Kasse.«
Jesus schaute ihn missbilligend an und sagte:
»Bald, sehr bald wird deine Kasse mit Silber gefüllt sein!«
Er legte die beiden Geldstücke in meine Hand und sagte:
»Kauf deiner Tochter dafür einen seidenen Gürtel, und lass sie ihn am Paschafest im Gedenken an mich tragen!«
Noch einmal schaute Er meiner Tochter ins Gesicht, beugte sich zu ihr hinab und küsste ihr die Stirn.
Dann sagte Er erneut:
»Gute Nacht euch allen!«
Und Er entfernte sich.
Man hat mir berichtet, dass alles, was Er zu uns sprach, von einem Seiner Freunde auf einem Pergament aufgezeichnet wurde. Ich aber wiederhole euch Seine Worte so, wie ich sie von Seinen eigenen Lippen vernahm.
Niemals werde ich den Ton Seiner Stimme vergessen, als Er zum Abschied sagte:
»Gute Nacht euch allen.«

Wenn ihr mehr von Ihm wissen wollt, fragt meine Tochter. Sie ist mittlerweile eine Frau, und sie zehrt von den Erinnerungen ihrer Jugend. Ihre Rede ist gefügiger und gewandter als die meine.

Barabbas: die letzten Worte Jesu

Sie ließen mich frei und nahmen Ihn stattdessen. Da stieg Er auf und ich fiel hinab. Sie wählten Ihn zum Opfer für das Paschafest. Ich wurde von meinen Ketten befreit und ging in der Menschenmenge hinter Ihm her. Aber ich war ein lebendiger Leichnam, der zu seinem eigenen Grab geht.

Ich hätte in die Wüste fliehen sollen, damit die Sonne meine Scham ausbrennt. Doch ich ging inmitten derjenigen, die Ihn ausgewählt hatten, mein Verbrechen zu sühnen.

Als sie Ihn ans Kreuz nagelten, stand ich dabei. Ich sah und hörte, aber es kam mir vor, als sei ich außerhalb meines Körpers.

Der Dieb, der zu Seiner Rechten gekreuzigt wurde, sprach zu Ihm: »Du blutest mit mir, du sogar, Jesus von Nazareth?«

Jesus antwortete: »Wäre nicht dieser Nagel, der meine Hand ans Holz heftet, so würde ich mich dir nähern und deine Hand drücken! Wir wurden zusammen gekreuzigt. Hätten sie nur dein Kreuz etwas näher an das meine gerückt!«

Dann schaute Er hinab und sah Seine Mutter und neben ihr einen jungen Mann. Er sagte:

»Mutter, sieh da deinen Sohn, der neben dir steht! Frau, sieh einen Mann, der die Tropfen meines Blutes ins Land des Nordens tragen wird!«

Als Er die Klagen der Frauen Galiläas hörte, sagte Er:

»Schaut, sie weinen, und ich habe Durst. Doch ich bin zu hoch, um ihre Tränen zu erreichen. Ich will weder Essig noch Galle trinken, um diesen Durst zu löschen.«

Da öffneten sich Seine Augen weit zum Himmel, und Er rief:

»Vater, warum hast du uns verlassen!«

Und voll Mitleid fuhr Er dann fort:

»Vater, vergib ihnen, denn sie wissen nicht, was sie tun.« Als Er diese Worte sprach, schien es mir, als sähe ich alle Menschen vor Gott niederfallen und Ihn um Verzeihung bitten für die Kreuzigung dieses einen Menschen.

Schließlich sagte Er mit lauter Stimme:

»Vater, in deine Hände gebe ich meinen Geist zurück!«

Und indem Er Seinen Kopf hob, fuhr Er fort:

»Nun ist es zu Ende – doch nur auf diesem Hügel.«

In diesem Augenblick teilten Blitze den finsteren Himmel, und ein gewaltiger Donner folgte.
Nun weiß ich, dass diejenigen, die Ihn an meiner Stelle töteten, meine lebenslange Folter damit erreichten.
Seine Kreuzigung dauerte nur eine Stunde. Ich aber bin bis ans Ende meiner Tage gekreuzigt.

Claudius, ein römischer Wachposten

Nachdem sie Ihn ergriffen hatten, übergaben sie Ihn mir. Pontius Pilatus befahl mir, Ihn bis zum folgenden Tag in Haft zu nehmen. Meine Soldaten brachten Ihn ins Gefängnis, und Er folgte ihnen willig.
Um Mitternacht verließ ich meine Frau und meine Kinder, um das Zeughaus zu besuchen. Ich hatte nämlich die Angewohnheit, jede Nacht eine Runde zu machen, nach meinen Bataillonen in Jerusalem zu sehen und festzustellen, ob alles in Ordnung ist. Diese Nacht besuchte ich das Zeughaus, in dem Er gefangen gehalten wurde.
Meine Soldaten und einige jüdische Jugendliche waren gerade dabei, ihren Spaß mit Ihm zu treiben. Sie hatten Ihm Seine Kleider ausgezogen und auf Seinen Kopf eine Dornenkrone aus wilden Rosen vom letz-

ten Jahr gesetzt. Sie hatten Ihm einen Platz an einer Säule angewiesen, wo Er stand, während sie Ihn umtanzten und nach Ihm riefen. Und in Seiner Hand hielt Er ein Rohr, das sie Ihm gegeben hatten.

Als ich eintrat, rief jemand: »Sieh, Hauptmann, den König der Juden!«

Ich stand vor Ihm, sah Ihn an, und plötzlich schämte ich mich, ohne zu wissen, warum. Ich hatte in Gallien und Spanien gekämpft und mit meinen Soldaten dem Tod häufig ins Angesicht gesehen.

Niemals hatte ich Angst empfunden, und nie war ich feige gewesen. Aber als ich vor diesem Menschen stand und Er mich anblickte, verlor ich meine Unerschrockenheit. Es schien mir, als wären meine Lippen versiegelt und ich könnte kein Wort herausbringen. Ich verließ das Zeughaus auf der Stelle.

Dies geschah vor dreißig Jahren. Meine Söhne, die damals kleine Kinder waren, sind jetzt Männer. Und sie stehen im Dienst Cäsars und Roms.

Doch oft, wenn sie mich um Rat fragen, erzähle ich ihnen von Ihm, einem Mann, der dem Tod entgegenging mit dem Saft des Lebens auf Seinen Lippen und mit Erbarmen für Seine Schlächter in Seinen Augen.

Jetzt bin ich alt. Ich habe meine Jahre erfüllt gelebt. Und ich denke, dass weder Pompejus noch Cäsar in Wirklichkeit so große Herrscher waren wie dieser Mann aus Galiläa. Denn seit Seinem Tod, dem Er sich widerstandslos ergab, ist eine Armee aus der Erde aufgestanden, um für Ihn zu kämpfen. Und obgleich Er tot ist, dienen sie Ihm besser, als man Pompejus und Cäsar zu ihren Lebzeiten diente.

Jakobus, der Bruder des Herrn: das letzte Abendmahl

Tausende Male hat mich die Erinnerung an diese Nacht heimgesucht, und ich weiß, dass sie mich noch mehrere tausende Male heimsuchen wird.
Die Erde wird die Furchen vergessen, die man in ihre Brust pflügte, eine Frau die Schmerzen und Freuden bei der Geburt eines Kindes, bevor ich jene Nacht vergessen werde.
Am Nachmittag hatten wir uns außerhalb der Mauern Jerusalems aufgehalten, dann hatte Jesus gesagt: »Lasst uns nun in die Stadt gehen und unser Abendmahl im Gasthaus einnehmen!«
Es war bereits dunkel, als wir das Gasthaus erreichten, und wir waren hungrig. Der Gastwirt begrüßte uns und führte uns in das Obergemach.
Jesus lud uns ein, uns um den Tisch zu setzen. Er selbst blieb stehen, und Seine Augen ruhten auf uns.
Da sagte Er zu dem Gastwirt: »Bring mir eine Schüssel, einen Krug Wasser und ein Handtuch!«

Er sah uns wieder an und forderte uns mit sanfter Stimme auf, unsere Sandalen auszuziehen. Wir verstanden nicht, was Er beabsichtigte, aber auf Sein Geheiß hin zogen wir sie aus. Nachdem der Gastwirt Ihm Schüssel und Krug gebracht hatte, sprach Jesus:
»Nun werde ich euch eure Füße waschen, um sie von dem Staub der alten Straßen zu befreien für einen neuen Weg.«
Wir schwiegen verlegen und betreten.
Dann stand Simon Petrus auf und sagte:
»Wie kann ich es zulassen, dass mein Herr und Meister mir die Füße wäscht?«
Jesus erwiderte: »Ich möchte euch die Füße waschen, damit ihr euch immer daran erinnert, dass derjenige der Größte unter den Menschen sein wird, der ihnen dient.«
Während Er einen jeden von uns anblickte, fuhr Er fort:
»Der Menschensohn, der euch als Seine Brüder auswählte, dessen Füße gestern mit Myrrhe aus Arabien gesalbt und mit den Haaren einer Frau getrocknet wurden, hat nun den Wunsch, eure Füße zu waschen.«
Er nahm die Schüssel und den Krug, kniete sich nieder und wusch einem jeden von uns seine Füße, indem Er bei Judas Iskariot begann.
Dann setzte Er sich mit uns an den Tisch, und Sein

Gesicht war wie das Morgenrot, das sich nach einer Nacht der Kämpfe und des Blutvergießens über dem Schlachtfeld erhebt.

Der Gastwirt und seine Frau kamen und brachten uns Speisen und Wein. Und obgleich ich hungrig gewesen war, bevor Jesus zu meinen Füßen gekniet hatte, so war jetzt mein Appetit vergangen. In meiner Kehle gab es eine Flamme, die ich nicht mit Wein löschen wollte.

Da nahm Jesus einen Laib Brot, teilte ihn unter uns aus und sprach: »Vielleicht werden wir nicht mehr zusammen das Brot brechen. Essen wir dieses Brot also im Gedenken an unsere gemeinsame Zeit in Galiläa.«

Und Er goss Wein aus einem Krug in Seinen Becher, trank und gab uns davon, indem Er sagte: »Trinkt dies in Erinnerung an den Durst, den wir gemeinsam erlitten, und trinkt es in der Hoffnung auf eine neue Ernte. Wenn ich nicht mehr unter euch sein werde und das Leichentuch mich einhüllt, und wenn ihr euch hier oder woanders trefft, dann esst das Brot und trinkt den Wein im Gedenken an mich! Und wenn ihr dies tut, schaut euch um, vielleicht werdet ihr mich mit euch am Tische sitzen sehen.«

Nachdem Er dies gesagt hatte, begann Er, Stücke vom Fisch und Fasan auszuteilen, und Er speiste uns damit wie ein Vogel, der seine Brut füttert.

Wir aßen wenig, dennoch fühlten wir uns gesättigt, und wir tranken nur einige Tropfen, denn es kam uns vor, als schaffe der Becher einen Raum zwischen dieser Welt und einer anderen.

Da sagte Jesus: »Bevor wir diesen Tisch verlassen, lasst uns uns erheben und die alten frohen Hymnen Galiläas singen!« Wir erhoben uns und sangen zusammen, und Seine Stimme lag über unseren Stimmen, und es war ein Vibrieren in jedem Seiner Worte. Dann blickte Er in unsere Gesichter und sprach:

»Nun sage ich euch Lebewohl. Verlassen wir die Stadt und gehen wir nach Gethsemane!«

Johannes, der Sohn des Zebedäus, fragte:

»Meister, warum willst du uns diese Nacht Lebwohl sagen?«

Jesus erwiderte:

»Lasst eure Herzen sich nicht beunruhigen. Ich verlasse euch nur, um euch einen Platz zu bereiten im Hause meines Vaters. Doch wenn ihr mich braucht, werde ich zu euch zurückkehren. Wo ihr mich rufen werdet, werde ich euch hören, und wo euer Geist mich suchen wird, da werde ich sein. Vergesst nicht, dass der Durst zur Weinkelter führt und der Hunger zum Hochzeitsmahl. Und eure Sehnsucht vermag dem Menschensohn zu begegnen, denn die Sehnsucht ist der Urquell der Ekstase, und sie ist der Weg, der zum Vater führt.«

Johannes sagte: »Wie können wir guten Mutes sein, wenn du uns verlassen willst? Und warum sprichst du überhaupt von Trennung?«

Jesus entgegnete: »Der gejagte Hirsch erkennt den Pfeil des Jägers, bevor er ihn in seinem Herzen fühlt, der Fluss spürt das Meer, bevor er seine Küste erreicht. Und der Menschensohn hat die Wege der Menschen bewandert. Bevor noch ein anderer Mandelbaum seine Blüten der Sonne öffnet, werden meine Wurzeln in das Herz eines anderen Feldes reichen.«

Darauf sagte Simon Petrus:

»Meister, verlass uns jetzt nicht und versage uns nicht die Freude deiner Gegenwart! Wo du hingehst, da wollen auch wir hingehen, und wo du verweilen willst, da wollen auch wir bleiben.«

Jesus legte Seine Hand auf die Schulter von Simon Petrus und sagte lächelnd:

»Wer weiß, ob du mich nicht noch vor dem Ende der Nacht verleugnen wirst und ob du mich nicht verlässt, bevor ich dich verlasse?«

Dann sagte Er: »Gehen wir jetzt von hier weg!«

Er verließ das Gasthaus, und wir folgten Ihm. Als wir das Stadttor erreichten, war Judas Iskariot nicht mehr bei uns.

Wir durchquerten das Tal »Jahannam«, und Jesus ging uns voraus, während wir uns eng zusammenscharten. Als wir einen Olivenhain erreichten, wandte Er sich uns zu und sagte:

»Ruht euch hier eine Stunde aus!«

Der Abend war kühl, obgleich es bereits Frühling war. Die Maulbeerbäume trieben Knospen, die Apfelbäume standen in voller Blüte und süßer, betäubender Duft entströmte den Gärten.

Jeder von uns suchte sich einen Baum und legte sich darunter. Ich hüllte mich in meinen Mantel ein und legte mich unter eine Pinie.

Jesus verließ uns und betrat allein den Olivenhain. Ich beobachtete Ihn, während die anderen schliefen. Er ging hin und her, stand plötzlich still, ging auf und ab. Dies wiederholte sich mehrere Male.

Dann sah ich Ihn Sein Gesicht zum Himmel erheben und Seine Arme nach Osten und Westen ausbreiten.

Früher hatte Er einmal gesagt: »Himmel, Erde und auch die Hölle sind des Menschen.« Jetzt musste ich an diese Worte denken, und ich verstand ihre Bedeutung: Dieser Mensch, der jetzt im Olivenhain auf und ab ging, war der Mensch gewordene Himmel; auch der Schoß der Erde erschien mir nicht mehr als ein Anfang oder Ende, sondern eher als ein Mittel, eine Pause, ein Augenblick der Verwunderung und Überraschung. Und auch die Hölle erblickte ich in diesem Tal, das man nach ihr »Jahannam« nannte und das

sich zwischen Ihm und der Heiligen Stadt ausbreitete.
Und als Er dort stand, während ich ein wenig weiter in meinem Mantel eingehüllt lag, hörte ich Ihn reden; aber Er sprach nicht zu uns. Dreimal hörte ich Ihn das Wort »Vater« aussprechen. Und das war alles, was ich verstehen konnte.
Nach einer Weile fielen Seine ausgebreiteten Arme hinab, und Er stand unbeweglich da wie eine Zypresse, die sich zwischen dem Himmel und meinen Augen aufrichtet.
Dann näherte er sich und sagte:
»Wacht auf und erhebt euch! Meine Stunde ist gekommen. Die Welt stürzt sich schon auf uns, gerüstet für eine Schlacht.«
Schließlich sprach Er:
»Vor einem Augenblick hörte ich die Stimme meines Vaters. Wenn ich euch nicht wiedersehen werde, erinnert euch daran, dass der Eroberer keinen Frieden haben wird, bis Er selbst besiegt ist.« Und als wir aufstanden und uns Ihm näherten, war Sein Gesicht wie der bestirnte Himmel über der Wüste.
Da küsste er einen jeden von uns auf die Wangen. Und als Seine Lippen meine Wange berührten, waren sie heiß wie die Hand eines Kindes, das Fieber hat.
Plötzlich hörten wir in einiger Entfernung Lärm und

Geschrei wie von einer großen Menschenmenge. Als er immer näher drang, erkannten wir eine Gruppe Männer mit Laternen und Stöcken, die eilig auf uns zuliefen. Als sie den Rand des Hains erreicht hatten, verließ Jesus uns und ging ihnen entgegen. Judas Iskariot führte die Gruppe an. Es waren römische Soldaten mit Schwertern und Lanzen und Männer von Jerusalem, die Keulen und Picken bei sich trugen.
Judas ging auf Jesus zu, küsste Ihn und sagte:
»Das ist der Mann!«
Jesus bemerkte:
»Judas, du warst geduldig mit mir! Du hättest dies gestern tun können!«
Darauf wandte Er sich an dessen bewaffnete Begleiter und sagte: »Nehmt mich jetzt gefangen, doch seht zu, dass euer Käfig groß genug ist für meine Flügel!«
Da fielen sie über Ihn her und ergriffen Ihn mit großem Geschrei. In unserer Furcht rannten wir alle weg und suchten zu fliehen. Ich lief durch den Olivenhain, ohne die Kraft zu haben, auf irgendetwas zu achten. In mir gab es nur die Stimme der Furcht, der ich gehorchte.
Während der zwei oder drei Stunden, die von der Nacht noch verblieben, war ich auf der Flucht, wobei ich mich immer wieder versteckte, wenn ich etwas hörte. In der Morgendämmerung befand ich

mich schließlich in einem Dorf in der Nähe von Jericho.
Warum hatte ich Ihn verlassen? Ich wusste es nicht. Aber zu meinem großen Bedauern hatte ich es getan. Ich war feige gewesen und vor Seinen Feinden geflohen.
Ich war zutiefst betrübt und beschämt und kehrte umgehend nach Jerusalem zurück. Doch Er war bereits im Gefängnis, und keiner von uns konnte mehr mit Ihm reden.
Er wurde gekreuzigt, und Sein Blut erneuerte die Erde.
Und ich lebe noch; ich lebe auf der Honigwabe Seines süßen Lebens.

Simon von Cyrene

Ich war auf dem Weg zu meinem Feld, als ich Ihn das Kreuz tragen sah; eine Menschenmenge folgte Ihm. Und auf einmal ging auch ich hinter Ihm her.
Die Last, die Er trug, veranlasste Ihn, mehrmals anzuhalten, denn Sein Körper war kraftlos und erschöpft.
Da kam ein römischer Soldat auf mich zu und sagte: »Komm, du bist stark gebaut, trag das Kreuz dieses Mannes!«

Bei diesen Worten wurde mein Herz weit, und ich war dankbar. Und ich trug Sein Kreuz.

Es war schwer, denn es war aus Pappelholz, das durchtränkt war vom Regen des Winters.

Jesus schaute mich an, und der Schweiß Seiner Stirn perlte über Seinen Bart.

Wieder sah Er mich an und sagte:

»Musst auch du aus diesem Becher trinken? Wahrlich, du wirst dich bis zum Ende der Zeiten daran laben.«

Indem Er dies sagte, legte Er Seine Hand auf meine freie Schulter, und wir schritten gemeinsam zum Kalvarienberg.

Doch nun fühlte ich das Gewicht des Kreuzes nicht mehr. Ich fühlte nur noch Seine Hand. Und sie lag wie der Flügel eines Vogels auf meiner Schulter.

Dann erreichten wir den Gipfel des Berges, wo sie Ihn kreuzigten. Und ich fühlte erneut das Gewicht des Baumes.

Er sprach kein Wort, als sie die Nägel in Seine Hände und Füße schlugen, noch drang irgendein Laut aus Seinem Mund. Seine Glieder zuckten nicht einmal unter den Hammerschlägen. Es schien, als wären Seine Hände und Füße vorher gestorben, und sie könnten das Leben nur wieder erlangen, wenn sie in Blut gebadet würden. Man hätte sogar annehmen können, dass Er die Nägel begehrte wie ein Prinz das Zepter

und dass Er sich danach sehnte, auf diesem Gipfel erhöht zu werden.
Mein Herz dachte nicht daran, Ihn zu bemitleiden, denn es war erfüllt von Staunen.
Und nun ist der Mann, dessen Kreuz ich trug, mein Kreuz geworden. Wenn sie mir noch einmal sagen würden: »Trag das Kreuz dieses Mannes!«, so würde ich es tragen, bis mein Weg an meinem Grab endet. Doch ich würde Ihn bitten, Seine Hand auf meine Schulter zu legen.
Dies geschah vor vielen Jahren. Aber immer noch, wenn ich die Furchen meines Feldes entlanggehe, und jedes Mal vor dem Einschlafen denke ich an diesen geliebten Mann. Und ich fühle Seine flügelleichte Hand hier auf meiner Schulter.

Ciborea, die Mutter Judas'

Mein Sohn war ein guter und rechtschaffener Mann; er war besorgt um mich und stets freundlich zu mir. Er liebte seine Verwandten und Landsleute und hasste unsere Feinde, die verfluchten Römer, die purpurne Gewänder trugen, obgleich sie keinen Faden spannen und an keinem Webstuhl saßen, und die ernteten und sammelten, wo sie weder gepflügt noch eine Saat ausgestreut hatten.

Mein Sohn war erst siebzehn Jahre alt, als er erwischt wurde, wie er Pfeile auf die Soldaten der römischen Legion abschoss, die durch unsere Weinfelder zogen. Schon in diesem Alter sprach er zu den anderen Jugendlichen vom Ruhm Israels sowie von vielen sonderbaren Dingen, die ich nicht verstand.

Er war mein Sohn, mein einziger Sohn. Er trank das Leben an diesen Brüsten, die jetzt trocken sind, er machte seine ersten Schritte in diesem Garten, und er klammerte sich an diese Finger, die nun wie zitternde Rohre aussehen.

Mit meinen Händen, die damals jung und frisch waren wie die Trauben des Libanon, hüllte ich seine ersten Sandalen in ein Leinentuch, das meine Mutter mir gegeben hatte, um sie aufzuheben. Ich bewahre sie immer noch auf in dieser Truhe neben dem Fenster.

Er war mein Erstgeborener, und als er seine ersten Schritte machte, machte ich sie mit ihm, denn Frauen bewegen sich erst, wenn ihre Kinder sie führen.

Und nun sagt man mir, dass er sich selbst getötet hat. Aus Reue darüber, dass er seinen Freund Jesus verraten habe, soll er sich vom Hohen Felsen gestürzt haben. Ich weiß, dass mein Sohn tot ist. Doch ich weiß auch, dass er Jesus nicht verraten hat; er liebte nämlich seine Verwandten und Freunde und hasste niemanden außer die Römer.

Mein Sohn suchte den Ruhm Israels, und nichts anderes als dieser Ruhm war je auf seinen Lippen und in seinen Taten.

Als er Jesus auf der Landstraße traf, verließ er mich, um Ihm zu folgen. Und in meinem Innern wusste ich, dass er nicht gut daran tat, irgendeinem Mann zu folgen.

Als er sich von mir verabschiedete, sagte ich ihm, dass er Unrecht habe, aber er hörte nicht mehr auf mich. Unsere Kinder achten ja nicht darauf, was wir ihnen sagen. Wie die Flut von heute nehmen sie von der Flut von gestern keinen Rat an.

Ich bitte euch, stellt mir keine weiteren Fragen mehr über meinen Sohn.

Ich liebte ihn, und ich werde ihn immerfort lieben. Wenn die Liebe ihren Platz im Fleisch hätte, würde ich sie mit einem heißen Eisen ausbrennen und meinen Frieden haben. Doch sie befindet sich in der Seele und ist unerreichbar.

Und nun sage ich nichts mehr. Fragt eine andere Frau, die achtbarer ist als die Mutter von Judas.

Geht zur Mutter Jesu. Das Schwert ist auch in ihrem Herzen. Sie wird euch von mir erzählen, und ihr werdet verstehen.

Die Frau von Byblos, ein Klagelied

Weint mit mir, Töchter der Astarte,
und alle, die Tamuz lieben,
lasst eure Herzen tauen
und blutige Tränen weinen,
denn der Gott aus Gold und Elfenbein
ist nicht mehr.
Im finsteren Wald besiegte Ihn der Keiler,
dessen Hauer Sein Fleisch durchbohrten.
Nun liegt Er da,
begraben unter den Blättern von gestern.
Seine Fußspuren werden die Saaten nicht mehr
 wecken,
die im Herzen des Frühlings schlummern.
Beim Morgenrot wird Seine Stimme nicht mehr
an mein Fenster dringen,
und ich werde für immer alleine sein.

Weint mit mir, Töchter der Astarte,
und alle, die Tamuz lieben,
denn mein Geliebter ist entflohen,
Er, dessen Rede den Flüssen glich,
dessen Stimme eine Zwillingsschwester der Zeit war.
Sein Mund war die in Süßigkeit verwandelte rote
 Wunde,
und auf Seinen Lippen wurde Galle zu Honig.

Weint mit mir, Töchter der Astarte,
und alle, die Tamuz lieben;
um Sein Totenlager geschart weint mit mir,
wie die Sterne weinen!
Weint wie die mondförmigen Blütenblätter,
die auf Seinen verwundeten Körper fallen!
Nässt mit euren Tränen die seidenen Decken meines
   Bettes,
wo in meinen Träumen einst mein Geliebter lag,
den ich nicht mehr fand, als ich erwachte.

Ich flehe euch an,
Töchter der Astarte,
und alle, die Tamuz lieben,
entblößt eure Brüste, weint
und tröstet mich,
denn Jesus von Nazareth ist tot.

Maria Magdalena, dreißig Jahre später

Noch einmal wiederhole ich, dass Jesus den Tod durch den Tod besiegte und dass Er vom Grabe auferstand als ein Geist und eine Kraft. Er durchschritt unsere Einsamkeit und besuchte die Gärten unserer Passion. Er liegt nicht mehr dort in der Felsenspalte hinter dem Stein.

Wir, die wir Ihn liebten, sahen Ihn mit diesen unseren Augen, die Er sehend machte, und wir berührten Ihn mit diesen unseren Händen, die Er lehrte, weiter als gewöhnlich zu reichen.

Ich kenne euch, die ihr nicht an Ihn glaubt. Ich war eine von euch. Jetzt seid ihr noch zahlreich, aber eure Zahl wird schnell abnehmen.

Ist es nötig, dass man eine Harfe oder Leier zerbricht, um die Musik darin zu entdecken?

Ist es erforderlich, einen Baum zu fällen, um daran glauben zu können, dass er Früchte trägt?

Ihr lehnt Jesus ab, weil jemand aus dem Land des Nordens behauptete, dass Er Gottes Sohn sei. Und ihr verachtet euch gegenseitig, weil jeder von euch sich zu erhaben dünkt, um der Bruder seines Nächsten zu sein.

Ihr hasst Ihn, weil jemand behauptete, dass Er von einer Jungfrau geboren wurde und nicht aus dem Samen eines Mannes. Ihr kennt nämlich weder Mütter, die als Jungfrauen begraben werden, noch Männer, die, an ihrem eigenen Durst erstickt, zu Grabe getragen werden.

Ihr wisst nicht, dass die Erde mit der Sonne vermählt wurde und dass es die Erde ist, die uns in die Berge und Wüsten aussendet.

Es gibt einen klaffenden Abgrund zwischen denjenigen, die Ihn lieben, und denjenigen, die Ihn hassen, zwischen denen, die an Ihn glauben, und denen, die nicht an Ihn glauben.

Wenn aber die Jahre eine Brücke über diesen Abgrund geschlagen haben werden, dann werde ihr wissen, dass derjenige, der in uns lebte, unsterblich ist, dass Er der Sohn Gottes ist, wie wir selber Kinder Gottes sind, dass Er aus einer Jungfrau geboren wurde, wie wir aus der Erde geboren werden, die – ohne einen Gemahl zu kennen – das Leben schenkt.

Es mag seltsam erscheinen, dass die Erde den Ungläubigen weder die Wurzeln verleiht, um sie an ihrer Brust zu stillen, noch die Flügel, damit sie sich in die Lüfte aufschwingen und am Tau des Himmels erquicken.

Ich aber weiß, was ich weiß, und das genügt mir.

Ein Mann aus dem Libanon, neunzehn Jahrhunderte später

Meister, Meister aller Sänger,
Meister der unausgesprochenen Worte,
siebenmal wurde ich geboren,
und siebenmal bin ich gestorben
seit deinem kurzen Besuch
und unserer knappen Begrüßung,
und siehe, ich lebe aufs Neue.

Ich erinnere mich an einen Tag und eine Nacht,
die wir im Gebirge verbrachten,
emporgehoben von deiner Flut.
Danach durchquerte ich zahlreiche Länder und
 Meere,
und wohin mich Sattel oder Segel auch brachten,
überall begegnete ich deinem Namen,
sei es im Gebet oder im Streitgespräch;
entweder verherrlichen dich die Menschen
oder sie verfluchen dich,
der Fluch, ein Protest gegen Misslingen,
die Verherrlichung, eine Hymne des Jägers,
der proviantbeladen aus den Bergen
zu seiner Gefährtin zurückkehrt.

Deine Freunde sind immer noch unter uns, Meister,
um uns zu trösten und zu ermutigen,
und deine Feinde sind noch da,
um uns herauszufordern und zu stärken.
Auch deine Mutter ist in unserer Mitte;
ich sehe den Glanz ihres Antlitzes
in den Zügen aller Mütter,
ihre Hände wiegen das Neugeborene
zärtlich in den Schlaf,
und ihre Hände falten sanft das Leichentuch.
Auch Maria Magdalena lebt noch unter uns,
sie, die den Essig des Lebens trank,

bevor sie seinen Wein kostete.
Und Judas, der Mann großer Mühen
und kleinlicher Ambitionen,
geht noch über diese Erde, er nagt an sich selber,
wenn sein Hunger kein anderes Opfer findet.
Und er sucht sein besseres
Ich durch Selbstzerstörung.

Johannes, dessen Jugend die Schönheit liebte,
ist ebenfalls unter uns zugegen.
Er singt, selbst wenn niemand ihn beachtet.
Der übereifrige Simon Petrus,
der dich verleugnete, um länger für dich zu leben,
sitzt wie eh und je an unserem Feuer.
Es mag sein, dass er dich noch einmal verleugnet,
bevor die Sonne eines neuen Tages aufgeht.
Dennoch wird er sich für dich kreuzigen lassen
und sich dabei solcher Ehre für unwürdig halten.
Und Kaiphas und Annas
thronen heute noch auf ihrem Richterstuhl,
sie verurteilen den Schuldigen
ebenso wie den Unschuldigen.
Sie schlafen gut auf ihren weich gefederten
    Betten,
während der Unschuldige, den sie verurteilten,
mit Ruten ausgepeitscht wird.

Die Frau, die man in flagranti
beim Ehebruch ertappte, geht immer noch
durch die Straßen unserer Städte.
Sie hungert nach einem Brot,
das noch nicht gebacken ist,
sie lebt alleine
in einem verlassenen, menschenleeren Haus.
Auch Pontius Pilatus steht noch
scheu und ehrfürchtig vor dir.
Er fährt fort, dich auszufragen,
doch er wagt es nicht,
seine Stellung zu gefährden,
seinen Posten zu riskieren
oder eine andere Rasse zu brüskieren.
Immer noch wäscht er seine Hände in Unschuld.
Jerusalem hält die Schale
und Rom den Wasserkrug,
um tausend und abertausend Hände
　reinzuwaschen.

Meister, Meister aller Dichter,
Meister der gesungenen und gesprochenen Worte,
die Menschen bauten Tempel,
um deinen Namen zu beherbergen.
Auf jedem Gipfel richteten sie dein Kreuz auf,
um ihre unberechenbaren Füße dorthin zu lenken,
nicht aber in Richtung deiner Freude.

Deine Freude ist ein Gipfel
jenseits ihrer Vorstellungen.
Sie denken nicht daran,
in deiner Freude Erfüllung zu finden.
Sie ehren den Mann, den sie nicht kennen.
Doch welchen Trost kann jemand spenden,
der wie sie selber ist,
dessen Güte ihrer Güte gleicht,
dessen Barmherzigkeit nach der ihren bemessen ist?

Sie rühmen nicht diesen lebendigen Menschen,
den ersten, der seine Augen öffnete
und in die Sonne schaute,
ohne mit der Wimper zu zucken.
Nein, sie kennen ihn nicht
und wollen ihm nicht gleichen.
Sie ziehen es vor, unbekannt in der Menge zu
　bleiben.
Lieber wollen sie Kummer ertragen, ihren Kummer,
als in deiner Freude Erquickung zu finden.
Ihre schwermütigen Herzen suchen Trost
weder in deinen Worten
noch in der Melodie deiner Worte.
Ihr stummer, gestaltloser Schmerz
macht einsame Kreaturen aus ihnen.
Obgleich sie umgeben sind von Verwandten und
　Bekannten,

leben sie ohne Freunde, verzehrt von der Angst,
und sie beklagen sich, alleine zu sein.
Sie wenden sich nach Osten,
wenn der Westwind weht.
Sie nennen dich König, in der Hoffnung,
deinem Hofstaat anzugehören.
Sie nennen dich den Messias
und würden am liebsten selber
mit dem heiligen Öl gesalbt.
Ja, sie möchten auf deine Kosten leben.

Meister, Meister aller Sänger,
deine Tränen waren wie Maischauer
und dein Lachen wie die gischtweißen Wellen
   des Meeres,
deine Worte waren das ferne Flüstern
vom Feuer entfachter Lippen.
Du lachtest für ihren innersten Nerv,
der noch nicht zum Lachen bereit war,
du weintest für ihre Augen,
die noch trocken waren.
Deine Stimme zeugte ihre Gedanken und
   Erkenntnisse,
deine Stimme brachte ihre Worte und ihren Atem
   zur Welt.
Siebenmal wurde ich geboren,
und siebenmal bin ich gestorben.

Und siehe, ich lebe wieder
und schaue dich an,
den Kämpfer unter Kämpfern,
den Dichter der Dichter,
den König über allen Königen,
den halb nackten Weggefährten.
Täglich neigt der Bischof sein Haupt,
wenn er deinen Namen ausspricht.
Täglich betteln die Bettler:
»Gib uns – Jesus zuliebe – einen Pfennig,
um Brot zu kaufen.«
Wir rufen einander um Hilfe,
doch in Wirklichkeit rufen wir zu dir,
wie die Flut –
im Frühling unserer Bedürfnisse und Wünsche,
und wie die Ebbe –
beim Nahen unseres Herbstes.
Laut oder leise,
dein Name ist stets auf unseren Lippen,
Meister unendlichen Erbarmens.

Meister unserer einsamen Stunden,
da und dort, zwischen Wiege und Sarg
begegne ich deinen schweigenden Brüdern,
den ungefesselten, freien Menschen,
Söhne deiner Mutter, der Erde
und des Weltenraums.

Sie sind wie die Vögel des Himmels
und wie die Lilien des Feldes.
Sie leben dein Leben,
denken deine Gedanken
und singen dein Lied,
aber ihre Hände sind leer.
Zu ihrem großen Kummer
erleiden sie keine Aufsehen erregende Kreuzigung,
nur täglich kreuzigt die Welt sie
in unscheinbarer Weise,
ohne dass der Himmel erschüttert ist
und die Erde sich auflehnt.
Sie werden gekreuzigt,
und niemand ist Zeuge ihrer Agonie.
Sie wenden ihr Gesicht nach rechts und links
und erblicken keinen,
der ihnen einen Platz in seinem Königreich
    verspricht.
Und doch würden sie sich jeden Tag
aufs Neue kreuzigen lassen,
damit dein Gott ihr Gott sei
und dein Vater ihr Vater.

Meister, Meister der Liebenden,
in ihrer duftenden Alkove
erwartet dich die Prinzessin
und die verheiratete, unverheiratete Frau

in ihrem Gefängnis.
In den Straßen ihrer Scham
wartet die Prostituierte auf der Suche nach Brot
und die ehelose Nonne in ihrem Kloster.
Die kinderlose Frau sitzt am Fenster,
wo der Frost den Wald an die Scheiben malte,
sie findet dich in dieser Symmetrie,
bemuttert dich und ist getröstet.

Meister, Meister aller Dichter,
Meister unserer verschwiegenen Wünsche,
das Herz der Welt pocht
mit dem Pulsschlag deines Herzens,
doch es entflammt nicht
beim Hören deines Liedes.
Die Welt sitzt da,
deinem Lied fröhlich lauschend,
aber sie erhebt sich nicht vom Sitz,
um die Gipfel deiner Berge zu erklimmen.
Dem Menschen gefällt es,
deine Träume zu träumen,
doch er will nicht erwachen
beim Anbruch deiner Morgenröte,
die sein schönster Traum ist.
Er möchte mit deinen Augen sehen,
aber nicht seine schweren Füße
zu deinem Thron schleppen müssen.

Viele wurden in deinem Namen gekrönt
und erhielten dank deiner Macht die Mitra.
Deinen goldenen Besuch
verwandelten sie in Kronen für ihre Köpfe
und in Zepter für ihre Hände.

Meister, Meister des Lichts, dessen Auge
in den tastenden Fingern des Blinden wohnt,
immer noch wirst du verachtet und verschmäht,
als Mensch, der zu schwach und kraftlos ist,
um Gott zu sein,
und als Gott, der zu menschlich ist,
um anbetungswürdig zu sein.
Ihre Messen und Hymnen,
ihre Sakramente und Rosenkränze
gelten ihrem eingekerkerten Ich.
Du aber bist ihr entferntes Ich,
ihr weit tragender Schrei
und ihre Passion.

Doch webst du auch diesen Tag,
Herz, so hoch erhoben wie der Himmel,
Ritter unserer glücklichsten Träume.
Weder Bogen noch Lanzen
können deinen Schritt aufhalten.
Du schreitest inmitten unserer Pfeile,
aus deinen Höhen lächelst du uns zu.

Und bist du auch der Jüngste von uns allen,
so bist du dennoch unser aller Vater.

Dichter, Sänger, unermessliches Herz,
möge Gott deinen Namen segnen,
den Schoß, der dich trug,
und die Brust, die dich stillte.
Und möge Gott uns allen verzeihen.

Die Kraft, die meine Seele beflügelt

Khalil Gibran
Aus deinen verborgenen Quellen schöpfen
Vom Reichtum der Seele

Ausgewählt von Annina Bauder

12 x 19 cm, 96 Seiten
durchgehend zweifarbig
Hardcover
ISBN 978-3-8436-0673-8

Im Alltag sind wir oft auf der Suche nach etwas, das unsere Seele nährt und wirkliche Zufriedenheit einkehren lässt. Im Werk Khalil Gibrans finden wir viele solcher lebensspendenden Quellen, die uns aus der Tiefe hinauf zum Leben verhelfen. Sie unterstützen uns dabei, wieder bei uns selbst anzukommen und stärker mit uns im Einklang zu stehen.
Diese Anthologie vereint die schönsten Texte Gibrans über die menschliche Seele und ihre Kraftreserven.

   www.verlagsgruppe-patmos.de

»Der Prophet« zum Lesen, Schauen und Hören

Khalil Gibran
Der Prophet

15 x 21 cm, 128 Seiten
vierfarbig mit Fotografien
Hardcover mit Audio-CD
ISBN 978-3-8436-1402-3

Mit seinem Buch der Reden des Propheten Almustafa hat der libanesische Dichter Khalil Gibran 1923 ein Meisterwerk und ein »Kultbuch« geschrieben, das auf der ganzen Welt zu den Bestsellern gehört. Seit Jahrzehnten entdeckt jede Generation wieder neu die Schönheit und Tiefe dieser Texte. 100 Jahre nach Erscheinen liegt »Der Prophet« als bibliophil gestaltete Jubiläumsausgabe zum Lesen, Schauen und Hören vor. Das Buch ist mit Fotografien des Fotokünstlers Klaus Diederich gestaltet. Die Audio-CD (auch als Download verfügbar) enthält den vollständigen Text, gelesen von Gotthard Fermor, umrahmt von einer eigens komponierten Musik von Josef Marschall.

 www.verlagsgruppe-patmos.de